« PRmorphosis »

Réflexions sur l'avenir des RP à l'heure des réseaux sociaux

Christophe Ginisty

Avant-Propos

Je me suis engagé dans les relations publiques un peu par hasard. J'avais 24 ans et je voulais faire un métier qui participe à la transformation de la société et mon souhait initial était d'aider les acteurs des nouvelles technologies à être connus. Nous étions en 1988, quatre ans après le lancement du Macintosh et j'avais acquis la conviction que les technologies allaient changer le monde. Je voulais en être un acteur.

Je n'ai jamais étudié les relations publiques. C'était un handicap au tout début mais, d'un autre côté, cela m'a aussi donné une très grande liberté. J'ai fait ce métier à ma manière, tentant d'en faire une activité noble, utile, intellectuellement stimulante et porteuse de sens. J'ai pris beaucoup de plaisir à accompagner quelques grands clients sur le chemin de la notoriété, et notamment Apple pour qui j'ai travaillé 10 belles années, de 2001 à 2011.

Ce recueil de notes est une série de réflexions que j'ai partagées sur mon blog(1) afin de chroniquer l'incroyable transformation des RP en attirant l'attention de mes lecteurs sur ce qui me semblait être le plus important, la mutation des comportements des parties prenantes. Ces notes expriment ma passion continue pour ces mutations et elles furent écrites en m'inspirant des très nombreuses rencontres effectuées alors que j'étais Président de l'International Public Relations Association (2) en 2013 et que j'ai parcouru le monde de conférence en conférence.

Je tiens à remercier chaleureusement mes clients, mes confrères, mes étudiants, et plus globalement tous les professionnels avec lesquels j'ai échangé. Je leur dédie ces réflexions.

Je vous souhaite une bonne lecture.

Christophe Ginisty

(1) http://www.ginisty.com

Chapitre 1

Éléments de contexte

Les 5 points de vulnérabilité sur les médias sociaux
Note publiée le 5/09/2012

J'ai régulièrement de nombreuses discussions sur le web et les médias sociaux et sur un thème qui m'est cher, celui de la nécessité d'intégrer la dimension « vulnérabilité » dans une stratégie d'influence et de gestion de la réputation.

J'en suis convaincu, une stratégie de communication qui ne prévoit aucun dispositif sur le web social est non seulement vouée à produire des résultats stériles mais elle fait peser un énorme danger sur les organisations.

J'écoutais récemment la plainte d'un chef d'entreprise, patron d'une belle start'up, m'expliquer que la superbe couverture de presse qu'il avait obtenue grâce aux efforts de son agence de RP n'avait servi à rien en ce sens qu'elle n'avait eu aucun impact sur une courbe des ventes restée désespérément plate.

Et le pauvre ne pouvait même pas se retourner contre l'agence puisque cette dernière avait fait ce pour quoi elle avait été payée. Mais les résultats obtenus n'avaient aucun intérêt au regard des objectifs de développement poursuivis. Il décrivait là une situation que les entreprises rencontreront de plus en plus souvent. Les directions de la communication vont devoir justifier ces échecs vis-à-vis de leur hiérarchie et les agences vont pâtir de cette absence intolérable de retour sur investissement.

Mais au-delà de l'examen de la performance d'une campagne d'influence et de gestion de la réputation, il faut se poser la question du web en termes d'augmentation des niveaux de vulnérabilité.

Je l'ai écrit à plusieurs reprises, les organisations et les personnalités qui auront peu ou mal appréhendé l'importance des conversations sur les médias sociaux, la dimension online connectée de leur réputation, vont se retrouver progressivement en très grand danger.

Les internautes vont individuellement et collectivement s'ériger en juges de paix et punir activement des organisations qui auront pêché par l'un des cinq travers suivants :

Le Mépris : attitude consistant à nier la puissance même des médias sociaux
Beaucoup de directions de la communication et de patrons d'agence n'ont pas vu la vague venir et ils sont aujourd'hui submergés par un phénomène qui les dépasse. Ils ont souvent tendance à le traiter par le mépris, pour ne pas avouer leur manque de discernement et leur incompétence en la matière. Un Directeur de la Communication préférera toujours vous dire que cela n'a aucun intérêt plutôt que de reconnaître qu'il n'y connaît rien.

4

L'absence : attitude consistant à boycotter les médias sociaux
La nature ayant une sainte horreur du vide, si ce n'est pas vous qui parlez de vous, d'autres le feront à votre place. C'est une évidence. Vos clients, collaborateurs, partenaires, fournisseurs, concurrents, tout un tas de personnes bien ou mal intentionnées contribueront à créer les éléments de votre réputation en ligne sans que vous ayez le moindre contrôle dessus. Sans compter que l'absence peut être incroyablement pénalisante en cas de survenue d'une situation de crise.

L'arrogance : attitude consistant à afficher une trop grande suffisance dans sa communication
Le web social est un espace conversationnel, il n'a que faire des grandes déclarations d'intention, des campagnes exagérément auto promotionnelles aux limites de la propagande. Les internautes prennent souvent cette arrogance pour un défi et se lancent parfois dans une résistance effrénée, une sorte de croisade animée par le désir ardent et violent de briser une statue que l'on essaye d'édifier de force dans leur jardin.

La légèreté : attitude consistant à transiger avec ses obligations sociétales
Une organisation a des obligations vis-à-vis de sa communauté au sens large : ses collaborateurs, ses clients, ses partenaires et la société dans son ensemble. Il faut savoir que les internautes sont de plus en plus attentifs à la capacité des organisations (et des personnalités dirigeantes) de s'acquitter de leurs obligations avec respect. Comme s'est arrivé dans de nombreux cas déjà, ils sont prompts à sanctionner une éventuelle insouciance en la matière.

La faute : attitude fautive et condamnable
Les internautes surveillent les organisations avec lesquelles elles sont en relation et, en vertu d'une exigence de transparence qui devient radicale, seront impitoyables vis-à-vis d'une organisation dont l'un des membres a commis une faute. Les exemples pullulent sur Internet et l'on peut déjà vérifier la réalité de ce danger.

Vous allez évidemment dire que je prêche pour ma paroisse en agitant le drapeau de ces dangers. La réalité est bien au-delà.

Je me passionne pour ces nouvelles vulnérabilités et j'estime qu'elles sont le grand enjeu de la communication d'influence de demain.

Comment les réseaux sociaux vont favoriser les situations de crise

Note publiée le 18 septembre 2012

C'est le thème de la présentation que j'ai donnée à la conférence de l'International Public Relations Association à Lima au Pérou en septembre 2012 et il me paraît important d'en partager le contenu avec vous.

Le 19 décembre 2011, un particulier mettait sur Youtube une vidéo montrant un livreur de la société FedEx jeter par-dessus le portail de sa propriété un carton contenant un écran d'ordinateur qu'il venait d'acheter sur Internet. Les images prises par la caméra de surveillance ne laissaient planer aucun doute sur la nonchalance coupable du livreur qui n'avait même pas pris la peine de sonner pour vérifier s'il y avait ou non quelqu'un pour lui ouvrir.

Lorsque le client découvrit sa « livraison », son écran était cassé et c'est passablement exaspéré qu'il mit les images en ligne afin de partager sa colère avec les internautes (vous pouvez retrouver ces images partout sur Internet).

Le 20 décembre, soit 24 heures seulement après la mise en ligne, la vidéo totalisait plus de 3 millions de vues, contraignant la société FedEx à réagir dans le plus bref délais et c'est le 21 décembre, soit deux jours seulement après la mise en ligne des images de vidéosurveillance, que Matthew Thornton III, Vice-Président de FedEx pour les Etats-Unis, publia une vidéo d'excuses à l'attention du malheureux client mais aussi des internautes du monde entier.

Cet épisode, remarquablement bien géré par FexEx dans la rapidité et la responsabilité, nous apprend plein de choses.

La principale est qu'un événement apparemment insignifiant de la vie quotidienne qui arrive à un particulier isolé peut devenir à une vitesse éclair une information de portée mondiale et ébranler la réputation d'une des plus grandes entreprises multinationales.

Internet a fait passer les individus du stade de spectateurs à celui de consommateurs puis de participants qui entendent jouer un rôle actif sur la réputation des organisations.

Le danger pour les organisations est bien là. Les médias sociaux augmentent les niveaux de vulnérabilité en favorisant des situations où les entreprises et les personnalités sont surveillées en permanence dans leurs moindres faits et gestes. Cela peut parfois être extravagant et totalement disproportionné. C'est en tout cas un phénomène majeur.

Les éléments qui favorisent le phénomène sont de quatre ordres.

Tout d'abord, il y a le fait évident que les médias sociaux sont devenus « mainstream » (dominants et principaux) et que les conversations s'y déroulent en permanence. C'est le règne du « always on » (toujours branché) qui rend l'exposition des marques et des personnes permanente.

En deuxième lieu, il y a l'abaissement des niveaux de confiance dans les organisations et dans ceux qui les dirigent. Cela contribue clairement à favoriser l'activisme. Cette donnée est mesurée tous les ans par Edelman dans son désormais célèbre « Trust Barometer » qui fait état de la confiance des populations bien informées vis-à-vis des institutions qui les gouvernent. Dans l'édition du baromètre qui paraît tous les ans en février, on peut découvrir année après année que le niveau général de confiance baisse dans pratiquement tous les pays du monde et que, pour ce qui est des entreprises, la confiance dans le président de l'organisation (le CEO) est désormais bien inférieure à la confiance vouée à un « employé de base » de cette même entreprise. Toujours dans cette même étude, on a pu mesurer le fait que la confiance dans les médias sociaux avait progressé de 75% d'une année sur l'autre.

Troisième élément qui favorise la survenue de situations de crise : les consommateurs surveillent les entreprises et leur demandent d'adopter des comportements responsables. Selon les propres données fournies par Twitter en août 2011, 56% des abonnés à ce réseau de micro-blogging affirmaient déjà suivre 6 marques ou plus. Multiplié par le nombre d'internautes, vous avez une idée de ce que cela peut représenter. Mais ce n'est pas tout. Dans une autre étude réalisée et publiée par Edelman, Good Purpose, étude qui mesure l'attachement des consommateurs aux comportements responsables des marques et dont l'édition de 2012 a été rendue publique en mai, 76% des personnes interrogées affirmaient qu'ils étaient prêts à acheter et recommander des produits d'une marque militante qui supporterait des causes justes et qui se comporterait de manière éthique et responsable. A l'inverse, 44% des consommateurs affirmaient qu'ils étaient prêts à boycotter et critiquer publiquement une marque qui n'aurait pas ces comportements.

Quatrième et dernier élément favorisant, selon moi, l'apparition de situations de crise, le goût des internautes pour le jeu – ce que l'on appelle la gamification – rend ces situations encore plus fréquentes et potentiellement dangereuses. Même si nous parlons de choses qui peuvent être très sérieuses, une critique sur les réseaux sociaux peut s'apparenter à un jeu, certes cruel, pour les internautes. Et ce goût du jeu est massif sur la toile.

Dans un rapport rendu public en 2012, Deloitte a cité la gamification parmi les « 10 principales tendances technologiques de l'année », prévoyant que plus de 50% des innovations mises en ligne par les organisations seraient conçues dans une logique de jeu.

Pour les marques et les personnalités, c'est d'autant plus redoutable que le jeu renvoie à la notion de plaisir et de viralité. On peut ainsi être confronté à des millions de consommateurs qui « prennent leur pied » à se repasser à toute vitesse une vidéo qui ruine votre réputation.

Ça fout la trouille mais c'est ainsi.

Alors que faire ? On ne pourra jamais empêcher des crises de survenir mais on peut tenter de les limiter en travaillant sur quatre axes :

La surveillance et l'analyse des conversations

Il faut écouter ce qui se passe sur Internet de sorte d'être prêt à réagir immédiatement lorsque quelque chose se produit. L'unité de temps n'est plus en jours mais en heures, un peu à l'image de ce que FedEx a fait avec beaucoup de réactivité.

Le changement de comportements

Il n'y a pas de choix, la confiance du consommateur potentiellement activiste ne se retrouvera que si les organisations et les personnalités se comportent de manière éthique et responsable et s'ils augmentent leur niveau de transparence vis-à-vis du public.

L'engagement dans les conversations

Pour espérer gagner la confiance des internautes, il faut se placer soi-même dans une logique conversationnelle et entamer le dialogue sans attendre que la crise ne survienne. Car l'antériorité de ces conversations sera précieuse en cas de problème.

L'anticipation

Puisque désormais vous savez qu'une crise peut arriver, autant vous y préparer. Il faut se doter aujourd'hui des outils qui seront potentiellement utiles en cas de crise et travailler sur les scénarios de réponse qui vous permettront, le moment venu de gagner en efficacité.

Voilà ce que j'avais à dire sur le sujet. C'est le contenu fidèle de la présentation que j'ai donné à cette conférence et c'est une présentation que vous retrouverez sur ma page SlideShare.

Je trouve ces sujets passionnants.

Chances et challenges que représentent les medias sociaux pour les communicants

Note publiée le 25/09/2012

Je co-animais ce midi un atelier sur les relations publics à l'heure des médias sociaux organisé par FrenchWeb.fr. A la fin de ma présentation, j'ai dévoilé quels étaient selon moi les 5 chances principales et les 5 challenges principaux découlant de l'explosion des médias sociaux dans les RP.

Comme je l'ai précisé aux participants venus assister à ma présentation, il s'agit uniquement là de mon analyse. Ces paramètres ne sont nullement le résultat d'une étude scientifique que mon agence ou moi aurions pu réaliser.

Du côté des opportunités (ou des chances), l'explosion des médias sociaux nous ouvre de nouvelles possibilités que l'on peut résumer ainsi.

Opportunité de challenger la primauté d'un média dominant

Il y a encore une dizaine d'années, la presse était pratiquement le seul canal d'accès aux différents publics de l'entreprise et nous devions passer par la médiation des journalistes pour espérer influencer l'opinion publique. Désormais, si les journalistes sont toujours présents et actifs (et j'ai un respect infini pour leur travail), ils ne sont plus les seuls dans le grand jeu de l'influence.

Une plus grande diversité dans l'expression des points de vue

Les médias sociaux ne proposent pas un contenu meilleur ou moins bon que les médias traditionnels, ils proposent un contenu différent, alternatif et complémentaire et le franc parler qui y règne ouvre la voix d'un mode conversationnel qui pose les bases d'une communication vivante.

Les parties prenantes deviennent réelles et bavardes

Quand j'ai commencé ma carrière, les marques ne connaissaient pas les publics avec lesquels elles étaient censées interagir. Elles commandaient des études coûteuses pour cerner les comportements. Avec les médias sociaux, elles peuvent enfin les connaître et les comprendre car ils s'expriment et rendent ainsi un énorme service aux marques.

Le contenu est roi !

10

Tout le monde produit du contenu dans l'écosystème des marques : la marque elle-même, mais aussi ses dirigeants, ses différents porte-parole et les collaborateurs qui tiennent un blog ou sont actifs sur les médias sociaux. Mais ce n'est pas tout : les médias traditionnels, les médias de niche, les fans, les consommateurs, les concurrents, les analystes, tout le monde crée et publie. La mise en ligne de contenus est un phénomène majeur.

Les mauvais comportements sont punis publiquement

Au grand dam des entreprises qui n'étaient pas ou peu regardantes sur l'éthique et peu familières de la notion responsabilité sociétale, les internautes sont désormais prêts à punir des organisations qui auraient mal agi vis-à-vis de l'une des parties prenantes de leur écosystème. Et ça, c'est plutôt une bonne nouvelle.

Voilà pour les chances. Mais en face de ces opportunités, il faut mettre en perspective des challenges qui sont autant de difficultés pour les organisations qui ne seraient pas rompues aux médias sociaux. Là encore, j'ai pris le parti de relever 5 éléments qui sont en regard des points énumérés ci-dessus.

On doit reconsidérer complètement la manière avec laquelle on enseigne les RP

Ce métier a changé, il faut l'enseigner autrement. C'est non seulement un impératif mais une urgence et cela devrait obséder les responsables pédagogiques des écoles qui amènent à ce métier. Et je ne parle pas d'ajouter une heure par-ci, une heure par-là consacrée aux réseaux sociaux mais de repenser complètement le programme. Faites-moi confiance, les RP n'ont presque plus rien à voir avec ce qu'elles étaient il y a encore 5 ans.

Difficulté de naviguer entre le vrai et le faux

Il ne faut surtout pas faire d'angélisme vis-à-vis des médias sociaux. Il y a tellement de contenu et la création est si peu modérée que l'on trouve une immense majorité d'âneries sur la toile (pour ne pas dire plus). C'est très dangereux dans un processus de communication où la manipulation n'est jamais loin. Cela impose la mise en place de filtres qui vont permettre de faire la part des choses.

Un individu ne fait pas le groupe

Il faut affiner la notion d'influence individuelle. Ce n'est pas parce qu'un blogueur s'est déchaîné et a « vomi » sur l'entreprise et ses produits qu'il faut se mettre en état d'urgence et songer au suicide collectif. L'opinion se façonne de manière beaucoup plus complexe et il faut utiliser des outils qui permettent d'analyser la réalité de l'influence des personnes qui s'expriment publiquement.

L'optimisation des moteurs de recherche est critique

Puisqu'il y a de plus en plus de contenu disponible en ligne et puisque tout le monde se met à en créer, il faut être en situation de pouvoir le trouver. Dès la conception d'un message, d'un article, d'un post sur un blog, il faut penser « moteur de recherche » et se poser la question : quels sont les mots que ceux que je veux attirer à moi taperaient dans un Google pour arriver jusque ici ?

Les situations de crise vont se multiplier

J'en ai déjà parlé souvent et c'est vraiment un point important. La surexposition des organisations et des personnes va entraîner mécaniquement une élévation des niveaux de vulnérabilité et provoquer des situations de crise face à des consommateurs qui vont évoluer vers une forme plus ou moins organisée et hostile d'activisme. Ce thème sera un énorme sujet dans les prochaines années, j'en suis persuadé.

Si vous êtes intéressé par l'intégralité de la présentation que j'ai donnée, vous pouvez la retrouver sur ma page SlideShare.

Réseaux sociaux : il est temps d'arrêter de s'y intéresser

Note publiée le 16/10/2012

Evidemment, vous vous doutez bien que le titre choisi pour cette note est volontairement provocateur. Je vous rassure, je n'ai pas encore décidé de changer ni de métier ni de secteur d'activité et encore moins de passion pour la révolution numérique. Si j'affirme néanmoins qu'il est temps d'arrêter de s'intéresser aux réseaux sociaux, c'est que je suis convaincu que nous passons trop de temps à nous focaliser sur le contenant au détriment du contenu.

Les réseaux sociaux ne sont pas en eux-mêmes l'intégralité d'un phénomène. L'important est à rechercher dans les comportements qu'ils autorisent et qu'ils ont permis de libérer massivement. C'est comme pour Internet, ce qui compte n'est pas le réseau physique en lui-même mais ce que nous en faisons.

La planète entière et le monde de la communication en particulier ont été subjugués par l'arrivée des réseaux sociaux. Ces derniers ont tout bousculé, tout changé, tout redéfini dans la relation des marques, des organisations avec les parties prenantes.

Mais maintenant que tout le monde (ou presque) y est et a développé sa présence active, maintenant que l'essentiel des conversations s'y est transporté, le contenant est devenu banal, presque négligeable puisqu'il fait partie de l'équation de base.

A quoi faut-il donc s'intéresser maintenant ?

Aux comportements et principalement aux comportements ! La dimension technologique continue sa dissolution inexorable et irréversible dans l'humain. Nous qui sommes les contemporains de ce phénomène et qui travaillons sur l'influence et la gestion de la réputation, il faut que nous sachions prendre la même distance vis-à-vis du réseau lui-même pour nous intéresser désormais aux dimensions anthropologiques, sociologiques et psychologiques qui en font un écosystème vivant.

Prenons un exemple simple.

Beaucoup de gens parlent de la « gamification » comme d'un phénomène technologique majeur. De quoi s'agit-il ? Tout simplement de l'extension des logiques de jeu en ligne aux relations entre les marques et les consommateurs.

Cela peut prendre l'allure d'un jeu concours pour attirer des fans. Mais c'est aussi la propension naturelle des internautes à se réunir dans un esprit ludique pour démarrer, alimenter et faire grandir une conversation. C'est un fait majeur du web social, les individus jouent à tout et à n'importe quoi quand ils sont en ligne et ce que l'on appelle le « buzz », véritable graal des communicants est bien souvent animé par le goût du jeu.

Ce qui m'intéresse dans ce phénomène n'est pas tellement les technologies ou les applications qui permettent de déployer ces jeux mais de comprendre pourquoi et comment les individus rassemblés sur Internet ont une telle propension à céder à ces logiques.

Lorsque les entreprises auront compris comment ces comportements se mettent en place et comment ils se déploient, ils auront fait un pas en avant dans l'appréhension des phénomènes de buzz (positifs ou négatifs) et cela leur servira à éventuellement mieux gérer les crises.

La conférence ReputationWar que j'ai créée tente tous les ans d'aborder ces phénomènes en allant au-delà de l'enthousiasme devenu un peu stérile et béat pour les réseaux sociaux pour aller s'intéresser à la puissance des comportements.

Le digital ne doit plus être une matière à part

Note publiée le 30/04/2013

Cela fait des années que je travaille sur le sujet, des années que je participe à des débats sur la place du digital (des réseaux et des médias sociaux) dans la stratégies de communication et des années que j'ai l'impression que l'on tourne en rond et que l'on ne pose pas les bonnes questions.

Dans la plupart des cas, les agences ou les annonceurs dissertent du digital car cette dimension est nouvelle. Les réseaux et les médias sociaux n'existent que depuis une petite dizaine d'années. Du coup, tout le monde se demande comment y consacrer de l'attention, du temps et accessoirement du budget.

Lorsque j'étais à la tête de l'agence Rumeur Publique, mes associés ne voyaient aucun intérêt à s'intéresser au digital. Ils considéraient que c'était une perte de temps car ils prenaient toutes ces conversations comme le défouloir assez malsain d'ados attardés en proie à un désir d'exhibitionnisme déplacé.

Je me souviens d'une réunion, un soir de 2005, où j'avais dû "plaider" des heures durant pour expliquer que cette révolution du web social allait bouleverser notre métier face aux regards incrédules et réprobateurs de mes associés.

Quand je suis arrivé chez Edelman, l'agence avait opéré sa mutation depuis longtemps, grâce à la vision de Richard Edelman, son CEO. Tout le monde s'intéressait au digital et depuis longtemps mais certains bureaux ne savaient pas par quel bout prendre cette opportunité et il y avait un questionnement permanent sur la nature de l'offre à développer et sur la meilleure manière d'infuser ces expertises nouvelles dans le business existant.

Aujourd'hui, j'ai acquis la conviction que la solution n'est ni dans le développement d'une offre spécifique, ni dans la transformation de l'offre existante mais dans une démarche qui consiste à ne plus du tout considérer le digital comme une matière à part.

Si je devais prendre une image pour vous faire comprendre mon point de vue actuel, je dirais que le digital est un peu comme le colorant que l'on a versé dans une solution translucide. Au tout début, on s'intéresse à cette nouvelle couleur que l'on distingue clairement. La couleur est un phénomène en lui-même, un agent de transformation que l'on observe progresser dans le liquide. Et puis, à mesure qu'elle se répand, la nouvelle teinte cesse d'être une couleur à part pour devenir la couleur de base.

Aujourd'hui, je pense que nous en sommes là. Le digital n'est plus un phénomène, c'est notre environnement de base, celui dans lequel nous évoluons, là où nous nous exprimons.

J'ai toujours pensé que le web n'était pas un monde à part et j'avais le sentiment confus que l'on commettait une erreur en le distinguant du reste de la société.

Dans l'essai que j'ai écrit en 2010, je posais les choses de la manière suivante :

« Internet est un espace qui organise la duplication d'une partie de la société. Tout se passe comme si les internautes avaient créé une société parallèle sur la Toile. Ils ne sont pourtant pas différents des personnes que l'on croise dans la rue. Ils décident simplement de passer du temps sur le réseau pour profiter de ses innombrables possibilités.

Il est naturel qu'ils y importent l'ensemble des éléments de la « vraie vie », à commencer par la dimension relationnelle qui est la base du désir de vie en société.

Ce n'est pas virtuel. Les relations humaines sur Internet sont aussi réelles que dans la « vraie vie » (...) On parle de virtualité car on est troublé par des modes relationnels inédits et par le fait que des gens puissent se passer temporairement de se rencontrer physiquement pour s'apprécier. On parle aussi de virtualité car le mythe du dédoublement de personnalité s'est brusquement ranimé avec la multiplication des pseudos, de l'anonymat et des avatars. Ils offrent la possibilité à certains de se créer une identité « virtuelle » (...) les relations humaines sur Internet reposent sur les mêmes principes que ceux de la vie de tous les jours. »

Déjà à l'époque, je voulais exprimer l'extraordinaire banalité des comportements et mettre l'accent sur le fait que le plus gros de l'analyse était déjà à notre portée.

Finalement, nous sommes peut-être à la fin d'un cycle. Le digital n'est plus un sujet, c'est une donnée.

Il nous faut à ce titre totalement changer notre regard sur le digital, n'en déplaise à ceux à qui l'on rabâche depuis des années qu'il faut s'y intéresser de façon spécifique. C'est trop tard !

Pour reprendre l'image utilisée ci-dessus précédemment, le liquide a totalement absorbé le colorant et le récipient s'est entièrement teinté de la couleur digitale.

Arrêtons par exemple de parler « e-reputation » comme si on avait une réputation spécifique en ligne, différente de celle que l'on a dans ce que d'aucuns appellent la vraie vie. C'est fini tout ça ! On a une réputation qui se nourrit d'éléments aux sources diverses et qui se répand sans distinction en ligne et hors ligne.

Je n'ai pas peur de le dire, c'est idiot de continuer à utiliser ce type de termes. Cela avait du sens au milieu des années 2000; plus maintenant.

Dans la même logique, arrêtons d'écrire des plans d'action qui ne traitent pas la composante digitale. Pas par snobisme, pas parce que cela fait bien auprès des membres du comité de direction qui sont soudain grisés par la certitude d'appartenir à leur époque, mais tout simplement parce que plus aucune image ne se construit sans se répandre sur les réseaux.

Je me suis longtemps demandé pourquoi les membres de la génération Y n'étaient pas plus agiles dans la définition de stratégies de communication purement digitales et je crois finalement avoir compris. Eux qui sont nés dans le digital ne perçoivent pas la spécificité de l'outil qui fait partie de leur quotidien. Ils n'imaginent même pas leur vie sans et leur demander de réfléchir à une stratégie digitale revient à leur demander de découdre un ensemble cohérent et démembrer artificiellement les composantes d'un tout. C'est mission impossible !

En fait, c'est leur regard qui est le bon et c'est ce que nous devons désormais assimiler. Nous qui sommes des professionnels de la communication devons désormais intégrer le fait que le digital est la donnée de base qui définit notre environnement, celui de nos clients et le théâtre sur lequel nous allons concevoir des campagnes. Et tout ce que nous ferons aura désormais cette composante, que nous le voulions ou non, que nous l'ayons anticipé ou non.

Demain, cela n'aura plus aucun sens de distinguer ce que l'on dit sur Internet de ce que l'on dit ailleurs. Les agences "spécialisées sur le digital" disparaîtront et la dimension technologique n'aura plus le moindre intérêt. Et ce jour là n'est pas si éloigné.

C'est sur ces constats que j'interviens chez mes clients. La raison d'être d'un professionnel de la communication est d'évoluer immergé dans un monde digital. A la limite, c'est moins une compétence que du réalisme ou du pragmatisme.

Communication interne : quelle communication interne ?

Note publiée le 06/11/2012

S'il y a bien une tendance de fond que je trouve passionnante dans l'évolution de la communication, c'est bien la disparition progressive de la notion de communication interne ou, pour être plus précis encore, la perte de sens du mot "interne."

Dans le monde connecté et toujours "live" dans lequel nous vivons, il n'existe plus de frontière entre ce qui est du domaine de l'entreprise uniquement et ce qui peut être exprimé et partagé publiquement. Même si les collaborateurs d'une entreprise sont respectueux de l'obligation qui leur est faite de conserver pour confidentielles un certain nombre d'informations, le vase clos n'est plus qu'une vue de l'esprit.

Soyons conscients de trois phénomènes qui sont la base de cette transformation.

L'environnement immédiat et intime des collaborateurs est devenu bavard

Il ne faut pas le négliger, le mari ou la femme d'un(e) employé(e) d'une entreprise, ses enfants, ses amis proches, tout son environnement social porte en lui les germes d'une propagation de l'information. Rares sont ceux qui se font avoir par des concurrents indélicats, les bruits et les rumeurs ont souvent des origines beaucoup plus anecdotiques et personnelles. Un collaborateur qui part trois jours à l'étranger pour une réunion interne et qui poste des commentaires sur le mure de ses enfants via Facebook en se plaignant de la morosité de l'ambiance, un cadre qui n'est pas augmenté pour cause de mauvais résultats financiers du groupe et qui en fait état dans un dîner entre potes, tout devient source de bavardage sur les médias sociaux.

Dépassons la paranoïa ordinaire qui fait croire à certains que les employés sont malveillants par nature et qu'ils veulent nuire à leur patron. Aujourd'hui, il n'y a qu'à se baisser pour récolter de l'information de portée d'apparence banale qui, remise dans son contexte, peut faire naître les plus folles spéculations.

La détention d'une information est un attribut de pouvoir

On le sait depuis des années, les marchés sont devenus des conversations. Et dans une conversation, celui qui prend naturellement le pouvoir est celui qui détient une information. C'est le mécanisme du scoop des médias traditionnels. Savoir ce que les autres ne savent pas encore, être en mesure de le révéler, peut avoir quelque chose d'assez enivrant dans un environnement conversationnel. On se fait remarquer, on est la source à laquelle les autres se réfèrent, celui qui a été à l'origine du buzz, et l'on gagne des points d'influence.

Il n'y a rien de plus vibrant pour les addicts des réseaux sociaux que d'être le géniteur d'une conversation qui n'en finit pas de se répandre. Et pour parvenir à cette espèce d'état de grâce médiatique, nombreux sont ceux, en interne, qui vont essayer de générer de l'info inédite.

Le public cherche à entrer en contact avec des gens de l'intérieur

Toutes les études le démontrent (et notamment le Trust Barometer réalisé par Edelman tous les ans depuis 13 ans), la confiance du public s'est détournée du PDG de l'entreprise pour se reporter sur « un employé de base.» En d'autres termes, pour se faire une idée d'une organisation ou d'une marque, le public préfère interroger et suivre l'avis d'un collaborateur lambda plutôt que d'écouter le discours préfabriqué du sémillant porte-parole que l'on met en face des médias.

La confiance étant déterminante dans les rapports des organisations avec les parties prenantes, nous avons ici un phénomène qui provoque et favorise le dialogue à tous les niveaux de l'entreprise et qui transforme sournoisement et discrètement des collaborateurs en porte-parole très influents malgré eux.

Que pouvons-nous retenir de ce nouveau contexte ?

Il faut repenser la communication interne et la scinder en deux activités distinctes. D'un côté, la communication que l'on pourrait appeler "technique" qui repose sur les conditions de vie au sein de l'organisation et qui n'est pas propice à engager la stratégie de l'entreprise et, de l'autre, une communication d'influence inspirée des relations publics qui va avoir pour objectif de traiter les collaborateurs comme on traiterait un public externe à l'entreprise.

Avec discernement, avec la volonté de convaincre et d'influencer, avec l'objectif permanent d'établir des relations mutuellement bénéfiques pour les deux parties. Et dans cette dernière activité, il faut désormais accepter que tout puisse se retrouver sur la place publique.

Puisqu'on ne peut pas l'éviter, anticipons-le !

Relations publics : un métier qui devient enfin passionnant

Note publiée le 9/12/2012

Le titre de cette peut vous paraître surprenant venant de quelqu'un qui fait ce métier depuis plus de 20 ans mais l'honnêteté intellectuelle m'oblige à faire cet aveu : le métier que j'exerce commence vraiment à me passionner. Il était temps, me direz-vous et vous aurez raison. Car je dois aussi vous faire une confidence, cela n'a pas toujours été le cas.

Quand j'ai débuté avec la création de ma toute première agence je n'avais pas été formé aux RP. J'imaginais que ce métier serait le meilleur moyen pour moi de participer à la modélisation de l'opinion en travaillant à la source de l'information. Aider des organisations à se faire connaître en établissant un dialogue constructif avec les journalistes, je trouvais cela plutôt plaisant.

Je dois bien l'avouer, ce n'était pas très compliqué non plus. Ma passion pour les nouvelles technologies, ma combativité naturelle et mon goût pour la stratégie et la négociation étaient presque suffisants pour me permettre de réussir dans mon projet. Au fil des années — et je sens que je multiplie les confessions aujourd'hui — je me suis parfois ennuyé en faisant ce job. Je trouvais tout cela assez répétitif et un peu trop facile. Pire, je ne voyais pas vraiment ce que mes clients pouvaient retirer de ces relations parfois un peu convenues avec des journalistes surestimant régulièrement la nature et l'amplitude de leur pouvoir.

Puis le web est arrivé. En 1996 d'abord pour moi (première connexion) puis il s'est développé d'années en années. Ce n'est pas la bulle qui m'a passionné mais l'adoption par le plus grand nombre.

Vinrent les années 2004-2005 et le décollage de ce que l'on a appelé le web 2.0, le web participatif. La chance incroyable que j'ai finalement est que le web 2.0 a totalement bouleversé mon métier. Il a absolument tout changé, tout remis en cause.

Finies les stratégies verticales où l'on maîtrisait le temps, le média, où l'on donnait des infos "sous embargo" et où l'étendue de son carnet d'adresses était le principal fond de commerce. Finies ces heures pendues au téléphone à faire du phoning idiot pour savoir si le journaliste avait bien reçu notre communiqué de presse et s'il comptait en faire quelque chose ou se rendre à la conférence du lendemain.

Même si ces tâches-là se font encore dans les agences, elles ne sont heureusement plus l'alpha et l'oméga des RP et nous pouvons tous en rendre grâce au web. Depuis quelques années, la transformation devient de plus en plus radicale et c'est assez impressionnant.

Le terrain de jeu n'a plus rien de commun avec ce qu'il était et la principale conséquence de tout ça est que les relations publics sont devenues passionnantes. Chaque jour apporte son lot de surprises, les circuits de l'information sont d'une complexité inouïe, les choses vont à une vitesse qui impose une toute autre gymnastique intellectuelle. Bref, c'est devenu passionnant ! C'est compliqué, c'est tendu, incompréhensible et injuste parfois mais c'est ça qui est beau !

Je ne me suis jamais autant éclaté à faire ce métier et c'est avec cet enthousiasme que je m'apprête à prendre la présidence de l'International Public Relations Association en janvier prochain et à organiser la conférence ReputationWar à Paris.

Je ne sais pas si tous les autres professionnels des RP pensent la même chose que moi car j'en croise parfois certains qui vivent cette opportunité comme une menace mais je les encourage vivement à mettre à jour leur logiciel pour comprendre qu'ils sont devant une opportunité incroyable et qu'ils sont au bon endroit au bon moment.

Pourquoi le métier des RP risque néanmoins de disparaître

Note publiée le 2/02/2014

Je mesure à quel point ce titre peut paraître anachronique venant de quelqu'un comme moi qui a fait toute sa carrière dans les RP et qui, il y a quelques semaines encore, présidait l'International Public Relations Association (IPRA). Je conçois que mes collègues puissent être choqués, notamment ceux avec lesquels j'ai travaillé tout récemment sur l'organisation de la conférence ReputationWar, mais que tout le monde se rassure et se console, nul n'a besoin d'être ici offusqué car mon billet du jour n'est ni un jugement de valeur ni une manière inélégante de cracher dans la soupe.

Si je crois que le métier des relations publiques va disparaître, c'est à l'appui de quelques considérations objectives qui n'ont rien de désobligeantes et que j'aimerais tout simplement partager avec vous. Et puis, je suis également concerné par cette réflexion qui engage la suite de ma carrière.

D'abord, de quoi parlons-nous ? Quelle définition peut-on donner des RP afin d'espérer parler vous et moi de la même chose ?

Dans les années 80, un auteur américain, professeur de son état, James E. Grunig avait ainsi défini le métier : *"Les RP consistent à gérer la diffusion d'information entre un individu ou une organisation et son public."* Ça vaut ce que ça vaut, toujours est-il que les livres publiés par cet auteur ont fait référence dans de nombreuses universités nord-américaines.

Il y a deux ans, la Public Relations Society of America (PRSA) se lança un défi, celui de rafraîchir la définition des relations publics en proposant un appel à contribution sur son site Internet. A l'ère des réseaux sociaux, les responsables de cette vénérable association invitèrent des milliers d'internautes dans le monde à proposer des définitions qui furent immédiatement livrées aux commentaires/corrections/votes des autres internautes, de sorte d'arriver à une version qui plaise à la majorité. Et ce travail aboutit à la phrase suivante :

"Les RP sont un processus stratégique de communication visant à bâtir des relations mutuellement bénéfiques entre des organisations et leurs publics."

Si vous avez bien lu, la première chose qui doit vous sauter aux yeux est que ces deux définitions n'ont absolument rien à voir entre elles. L'une parle de flux d'information alors que l'autre évoque une dimension sociale. Comment peut-on parler dans les deux cas du même métier ? C'est une énigme qui me fait déjà avancer un premier argument pour étayer mon propos principal : ce que nous appelons du même nom renvoie déjà à deux réalités différentes.

Les RP des années 80 auraient donc déjà disparues, même si nous nous acharnons pour des raisons commerciales évidentes à le dissimuler aussi longtemps que possible.

Mais la raison la plus importante est ailleurs.

En France, mais aussi dans la plupart des pays du monde dans lesquelles je me suis rendu pour participer à des conférences sur le sujet, les professionnels sont unanimes (mais discrets) pour reconnaître que l'influence du média traditionnel a presque complètement disparu au profit du média social. Je ne dis pas que la presse ne participe plus au processus global d'influence, je pense qu'elle est devenue accessoire. Et là, attention, je ne parle pas du rôle de la presse d'investigation ou de reportage sur l'équilibre de la démocratie et dont je prédis les beaux jours mais de la presse qui suit et rend compte de l'actualité.

Les médias traditionnels ne sont plus déclencheurs à eux seuls des changements de comportements ou des décisions d'achat. Ils ne sont plus déterminants dans la gestion de la réputation qui se déroule principalement sur les réseaux sociaux. Enfin, les grands événements d'actualité couverts par les médias traditionnels qui nous fournissent la matière brute (images, photos,...) ont désormais une seconde vie propre sur le web, une vie déterminante qui en fait de grands rendez-vous (ou pas).

La disparition du métier des RP tel que nous le connaissons aujourd'hui va être provoquée par l'affaiblissement considérable du média sur lequel son modèle économique reposait. C'est un processus certain et irréversible et vous voyez bien que cela bien au-delà de mon avis personnel.

Mais alors, me direz-vous, l'avenir des RP dépendrait juste de la capacité des professionnels du secteur à s'intéresser aux médias sociaux et à y déployer tout leur art pour influencer les parties prenantes ! Facile à dire, pas si facile à faire en réalité car trois éléments rendent cette mutation très délicate, voire improbable.

Le premier est l'immense conservatisme du couple annonceur-agence composé de deux éléments qui plaident pour que rien ne bouge trop vite, l'annonceur qui ne veut pas se faire déposséder de son pouvoir de parler à la presse (car il faut aussi dire que son patron adore avoir sa tête dans les gazettes) et l'agence qui veut conserver la jouissance de ses honoraires. Ils ont de bonnes raisons tous les deux mais ils vont assurément dans le mur s'ils s'obstinent. Cette relation économique tiendra encore quelques années mais je ne donne pas 5 ans aux annonceurs avant de comprendre qu'il est stérile de payer qui que ce soit pour favoriser des retombées rédactionnelles. L'attaché de presse en tant que serviteur des demandes journalistiques survivra mais certainement pas celui qui pousse des communiqués.

Le deuxième élément est la montée en puissance du big data pour lequel ni les agences ni les annonceurs ne sont correctement préparés à ce jour, en France ou ailleurs. Qu'est-ce que je veux dire par là ? Je veux simplement exprimer l'idée que le média traditionnel a perdu son pouvoir au profit de la foule connectée sur le web social. Comme je l'ai clamé sur les planches du Théâtre des Variétés lors de ReputationWar 2014, je suis persuadé que la foule est devenue un média à part entière et le rôle du professionnel des RP devrait consister à se focaliser sur la manière de convaincre directement cette multitude de s'enflammer en faveur des marques qu'il défend au lieu s'en remettre à des intermédiaires.

Certains ont commencé à le faire mais le problème est que pour y parvenir correctement, ils ont besoin d'outils leur permettant d'analyser l'immense volume de données que génèrent les conversations sur certains de leurs clients et j'ai la faiblesse de croire que les agences de pub sont parfois mieux équipées que les agences de RP du fait de leur expertise en planning stratégique.

Combien d'agences se servent tous les jours d'outils comme ceux de Linkfluence ou de Spotter pour analyser le volume colossal d'informations qui entourent les actualités de leurs clients et qui contiennent les germes de l'influence ? De l'avis même de ces fournisseurs de solutions avec lesquels j'échange régulièrement, elles ne sont pas très nombreuses !

Encore une fois, je ne fais pas de jugement de valeur. Après tout, tout le monde travaille comme il veut et je n'ai pas la science infuse.

Le troisième élément enfin vient du peu de crédit accordé par le couple agence-annonceur au Community Manager. Sans doute parce que tout ce petit monde a recruté des juniors peu formés (ces fameux membres de la génération Y) pour faire le boulot et que, hiérarchie oblige, les CM se retrouvent de fait en bas du bas de l'échelle des responsabilités. Sans doute aussi parce que cette fonction a été peu valorisée et perçue comme une tâche ingrate consistant à fermer le clapet de tous les trolls qui se baladent en liberté sur Facebook ou ailleurs. Une sorte d'éboueur de l'indélicatesse et de la mauvaise humeur réunies.

Il n'empêche que nous savons depuis les années 70 et l'invention de théorie de la pyramide inversée que la personne la plus importance d'une organisation est celle qui est au contact direct du public. A ce titre, la fonction de community management devrait être placée à un niveau absolument stratégique. Tant que cela ne sera pas le cas, les professionnels des RP continueront d'affaiblir involontairement leur métier.

Je serais donc tenté de recommander que des changements structurels forts soient opérés dans les équipes qui composent les agences et ce, au plus haut niveau stratégique.

Il ne s'agit pas de jeter qui que ce soit à la poubelle mais d'enrichir les fonctions existantes par l'arrivée de professionnels experts dans trois disciplines clés, la sociologie d'une part, le Community Management stratégique et le big data d'autre part. Les uns pour amener les gens des RP à comprendre complètement la dimension humaine des "foules sentimentales", les autres pour asseoir la fonction d'engagement au niveau du board (et accessoirement inciter les patrons à s'engager), les troisièmes pour transformer la donnée en aide à la décision.

J'aime ce métier, je le trouve passionnant comme jamais et je suis convaincu qu'il peut encore opérer sa mue pour subsister et trouver toute son utilité dans la communication dite "globale." Mais il va devoir accepter de se réinventer complètement s'il ne veut pas disparaître car je ne parle pas ici d'adaptation mais de transformation radicale.

Les professionnels des RP le voudront-ils ?

Chapitre 2 :

Décodages

La force des RP sur la pub : l'engagement conversationnel

Note publiée le 20/11/2012

Vous êtes-vous demandé quelle différence pouvait-il y avoir entre la publicité et les relations publiques du point de vue de la cible, c'est-à-dire de vous et moi ?

Certes, il y en a énormément mais il y en a une en particulier qui me fascine toujours et qui explique une partie de la puissance des relations publics (RP), c'est l'engagement conversationnel. Les RP ont pour objectif d'établir une relation mutuellement bénéfique entre une organisation et les différents publics avec lesquels elle souhaite interagir.

C'est d'ailleurs pour mettre en valeur cette dimension que les professionnels français ont décidé il y a quelques années déjà d'écrire leur métier "relations pubics" et non pas "relations publiques", pour mieux expliquer que ce ne sont pas les relations qui sont publiques mais qu'il s'agit de créer des relations avec les publics, ce qui est, reconnaissons-le, très différent.

Les RP sont donc entièrement bâties sur l'idée de réciprocité quand la publicité est unidirectionnelle et, avouons le, contraignante.

Rendez-vous compte, dans votre vie de consommateur, la publicité est véhiculée par des mécanismes qui s'apparentent à une forme d'agression permanente. Elle est imposée de façon autoritaire par les médias qui la diffusent car personne ne veut a priori être pollué par un message publicitaire. Je ne vais pas entrer dans le débat militant des anti-pubs, je veux juste dire que la publicité est de nature fondamentalement intrusive. Vous regardez un bon film, il est coupé par une pause publicitaire. Vous cliquez sur un site d'information, vous devez visionner un message en surimpression qui voile le contenu recherché et vous fait patienter. Vous regardez une vidéo sur Youtube ou sur un site de replay, on vous impose là encore un message non désiré.

Cette dimension propre à la publicité donne toute sa valeur aux RP car, par essence, aucune campagne de RP ne peut s'imposer aux consommateurs. On peut certes pousser des messages pour que les principaux médias les répercutent mais les cibles finales garderont toujours leur libre arbitre sur la consommation ou non de l'information.

Aucune campagne de RP ne peut réussir sans l'adhésion de la cible. Car de cette adhésion dépend la volonté d'interagir en retour qui fait le succès des RP.

C'est pour cela que les réseaux sociaux se marient aussi bien avec les compétences développées par les agences de RP.

Le web social est un territoire formidable pour les RP car il transcende la promesse d'établissement de relations mutuellement bénéfiques. Il offre un terrain de jeu sans précédent régi par des aspirations non intrusives et basées sur une plus grande liberté de choix et une infinie diversité de contenus.

Beaucoup de prestataires tentent de prendre le leadership sur le digital. Les agences de pub s'y essayent avec beaucoup d'envie. Mais je crois qu'au final ce sont les professionnels des RP qui réussiront à dominer cette course de compétences, s'ils arrivent précisément à concevoir leurs actions sur la promesse d'un engagement conversationnel attractif.

Nettoyage du web : le vrai du faux

Note publiée le 3/02/2013

Un nombre croissant de personnes se réveillent un matin, tapent leur nom sur Google et se rendent compte avec stupeur que les premiers résultats font remonter des informations peu ou pas favorables, mettant en avant de « vieilles casseroles » qu'il devient urgent de faire disparaître dans un soucis de gestion de la réputation.

Ils se tournent alors, affolés, vers des spécialistes du web et des réseaux sociaux et c'est pour appâter cette clientèle captive que des petits malins souvent très opportunistes ont créé des sociétés de « nettoyeurs » du web, proposant à prix d'or leurs services afin de faire disparaître les liens qui indisposent.

Je suis souvent interrogé sur cette question et je pense qu'il est utile de remettre les choses en place et de dire la vérité sur cette matière afin de vous éviter de dépenser votre argent inutilement.

Commençons pas tordre le cou à une promesse faite par ces prestataires : **on ne nettoie pas Internet (ou Google).**

C'est absurde et assez malhonnête de présenter les choses ainsi. Si votre nom est associé à des événements ou des informations indésirables, c'est que des sites, des blogs ou des forums de discussions ont parlé de vous en relatant des faits qui vous concernent.

Il est illusoire de penser qu'il suffirait d'engager des spécialistes pour que, par magie, un contenu arrivant en première position de la page des résultats se retrouve en troisième ou quatrième page.

Sur le site d'un des prestataires que je ne mettrais pas en lien pour ne pas lui nuire, voilà ce que ses experts promettent de nettoyer : *"les atteintes à la vie privée (photos et vidéos privées, informations personnelles...), informations diffamantes et dénigrantes, avis négatifs problématiques, anciens articles de presse, usurpations d'identité, informations obsolètes, contenus confidentiels et toutes informations portant atteinte à l'E-réputation en général."*

Nous sommes là face à une énumération de choses qui n'ont rien à voir entre elles où se côtoient des contenus issus d'activités délictueuses (diffamation, atteinte à la vie privée, usurpation d'identité) qui appellent une réponse juridique voire judiciaire avec des contenus tout à fait indiscutables et inattaquables (anciens articles de presse, informations obsolètes, avis négatifs) en vertu de la liberté d'expression ou d'information qui sont, rappelons-le, des libertés fondamentales.

Soyons sérieux.

La première des choses à faire en la matière est de localiser chacun des espaces vers lesquels Google renvoie et d'aller analyser, espace après espace, s'il est possible d'avoir une action sur la mention ou l'article en question.

Et là, deux solutions : soit le contenu est diffamant ou insultant et vous pouvez entamer une action juridique (et être d'une patience d'ange tant les procédures sont longues), soit il ne l'est pas et dans ce cas, il n'y a absolument rien à faire.

Prenons le cas où votre nom aurait été cité dans le cas d'une faillite d'entreprise, parce que vous en étiez l'un des dirigeants et que depuis, à chaque fois que l'on tape votre nom dans Google, vous qui êtes un brillant dirigeant qui n'a connu que des succès depuis, on arrive sur le seul moment de votre vie où vous avez échoué.

Vous pouvez trouver ce résultat injuste et considérer comme insupportable que l'on ne ressorte que ce faux-pas dans une carrière exemplaire. Vous aurez raison mais vous ne pourrez pas pour autant faire disparaître une mention qui est vraie et qui est du domaine de l'information.

On ne nettoie pas le web, on crée des contenus.

La vraie solution pour se sortir d'un problème de référencement : créer du contenu sur des espaces très bien référencés par Google.

L'information est un « marché » concurrentiel. Dans un espace où des milliards d'informations, photos, vidéos sont publiées chaque jour, les moteurs de recherches opèrent une sélection à l'aide de puissants algorithmes qui vont explorer en permanence le réseau pour y déceler ce qui mérite d'être remonté.

Votre faillite est en première page ? Mais qu'avez vous publié depuis ?

La plupart des personnes qui me consultent sur cette question du « nettoyage » du web sont des gens qui ne se sont jamais intéressé à Internet, qui n'y ont jamais rien publié et qui n'y ont aucune présence structurée.

Du coup, tout ce qui est dit ou écrit sur eux est dit ou écrit par d'autres. Et la nature ayant une sainte horreur du vide, ce n'est pas parce qu'ils ont été absents du web par une démarche volontariste, structurée et positive que leur nom ne figure pas dans les conversations.

Souvent, on se rend compte qu'il suffit de créer une page sur Wikipedia avec un contenu factuel et agrémenté de sources pour qu'il apparaisse en tête des résultats Google.

J'en ai fait l'expérience récemment pour un ami qui avait une présence inégale sur le web, pas trop conversée mais confuse.

Très grand chef d'entreprise depuis des années, une page profil a été créé sur l'encyclopédie en ligne et cette page apparaît désormais en tête de la page des résultats lorsque l'on tape son nom ?

Magie ? Nettoyage ?

Ni l'un ni l'autre ! En l'espèce, il a simplement et automatiquement bénéficié du fabuleux référencement de Wikipedia sur lequel il s'est appuyé pour « promouvoir » naturellement une information factuelle et basique sur lui-même. Aujourd'hui on retrouve toujours la même confusion mais elle arrive juste après une introduction honnête qui lui permet finalement de se présenter.

Ne vous plaignez pas d'un mauvais référencement si vous avez laissé le champ libre aux autres de dire des choses sur vous. Il faut maîtriser sa présence en ligne et structurer la production régulière de contenus.

Vous n'avez pas de page sur les réseaux sociaux ? Créez-en une et devenez actif dessus, de sorte que les mises à jour indiqueront aux moteurs de recherche que c'est un page importante. Un profil complet sur Linkedin sera souvent mieux référencé que l'article de ce journal régional en ligne qui fait état de votre faillite.

Ce qu'il faut comprendre ici est qu'il faut se mettre à créer du contenu sur des plateformes très bien référencées de sorte que le contenu qui vous indisposait va doucement mais sûrement s'enfoncer dans les pages de résultat.

Vous l'avez compris, plutôt que de faire appel à ces « nettoyeurs » dispendieux et inefficaces, faites plutôt appel à des professionnels de la réputation qui vont contribuer à organiser une présence constructive et régulièrement mise à jour. Les internautes auront alors une diversité de points de vue et ils seront à même de se faire une opinion.

Petite chronique amusée sur la famille des « homos-facebookus »

Note publiée le 16/05/2013

Des années que je suis sur Facebook, que je m'y promène, que je collectionne les amis pour n'avoir jamais vraiment filtré et avoir au contraire pris plaisir à accepter d'entrer en relation avec tous ceux qui en faisaient la demande et dont la découverte promettait peut-être quelques bons échanges.

Des années que je vois cette société des réseaux sociaux prendre forme et se mouvoir. Des années que je l'apprécie aussi avec une vraie affection mêlée d'addiction légère.

Je crois que ce qui m'amuse le plus est d'observer les comportements de certains spécimens que je ne connais pas forcément mais qui peuplent cet océan numérique. Cette société qui se donne rendez-vous sans se le dire est passionnante, tellement même que je me suis amusé à en dessiner les traits de certains d'entre eux, vus de ma fenêtre.

Pas une approche exhaustive, tout au plus une galerie amusée de portraits.

Le baron

Le baron est un aristocrate du web 2.0, un notable, un précurseur. Il est sur Facebook depuis longtemps et compte ses « amis » par milliers. Au début, il a cherché à être influent à tout prix. Il est désormais influent par coquetterie et aime rappeler qu'il s'est inscrit alors que Facebook n'était disponible qu'en anglais et qu'on disait encore « The Facebook.» D'ailleurs, il pousse l'adoration pour ses galons d'early adopter jusqu'à conserver son interface en anglais, parce que « like », ça le fait tout de même mieux que « j'aime » chez les garants de l'orthodoxie digitale. Il a prédit des dizaines de fois la mort de Facebook avec force d'arguments définitifs mais, que voulez-vous, il daigne encore s'y promener comme un seigneur parcourt ses terres.

L'impliqué

Pour lui, Facebook n'est pas un jeu, c'est une extension de lui-même et tout ce qu'il y fait, c'est pour de vrai. Incorrigible producteur d'invitations, il crée des groupes « pour » ou « contre » à chaque fois que l'actualité a fait vibrer son smartphone biologique. Il promet d'éradiquer cette vermine qui ne fait rien qu'à embêter ses amis et vous informe avec un sérieux d'académicien sur la situation de cet archipel lointain sur lequel se produit un plus grand scandale planétaire. Il ne vous téléphonera jamais mais créera une invitation pour inviter à prendre un café un ces quatre.

Le malgré lui

Si cela ne tenait qu'à lui, non seulement il ne se serait jamais inscrit sur Facebook mais il vous explique à longueur de statuts que ce réseau est le néant incarné, la vacuité faite hommes, et qu'il va de toute manière déguerpir d'ici dans les jours qui viennent en effaçant toutes ses données et profiter de la plus belle conquête de l'homme moderne : son propre droit à l'oubli. Promettre une disparition définitive de son profil est un acte militant pour lui. Sûr de son fait, il vous fera une énumération à la Prévert de tout ce que l'on faisait quand on n'était pas connecté sur ce foutu bordel. Avec des accents nostalgiques, il dissertera à foison sur la vraie vie, dernier rempart d'une virtualité qu'il ne parvient cependant pas à quitter depuis le temps qu'il nous le dit.

Le LOLeur professionnel

Elevé à la spiritualité et à l'épistémologie comparée, celui-là passe ses journées à disséquer YouTube à la recherche de cette gamelle de la mort-qui-tue non encore révélée au grand public ou de ce moment de solitude planétaire qui fera de lui le bon copain, celui par qui le sourire est arrivé. Son mur est aussi vibrant qu'un magasin de farces et attrapes et fait autant réfléchir que le refrain d'une chanson paillarde. Il se rabat parfois sur des moments d'émotion et, si vous vous souvenez bien, c'est l'un des tout premiers à vous avoir passé la vidéo de Susan Boyle.

Le révélé

Dans la vie, il s'appelle Jean-Luc ou Barnabé (ou Florence et Anne-Cécile) mais sur Facebook, c'est Robespierre, Ché Guevara. Lui, il est là pour faire la révolution, pendre hauts et courts ses adversaires. Généralement entré en politique à la faveur des médias sociaux comme d'autres entrent en religion, il vénère au-delà du raisonnable un leader dont il reproduit chacune des prestations médiatiques avec une minutie frôlant le trouble obsessionnel compulsif. Sur son mur, ça parle tractage, réunion publique et fête des voisins et ça dézingue à tout va celles et ceux qui se permettent de critiquer le leader adoré. De jour comme de nuit, il est le gardien d'un temple numérique, le cerbère d'une forme qu'il croit nouvelle de citoyenneté.

L'ami des femmes

Je l'aime bien lui car son côté sournois réussit toujours à m'attendrir. Souvent dans la quarantaine épanouie, trop conscient de ses propres limites (et accessoirement du regard attentif, rouleau à pâtisseries en main, de son épouse toujours aussi prompte à lui envoyer : « c'est qui cette pétasse qui a liké ton statut quand tu as dit que tu partais pour deux jours de séminaire à la Baule ? »), il est toujours le premier à déposer un commentaire faussement ébloui quand une nana de ses amies change la photo de son profil. Alternant les « Superbe » et les « Mmmm… », sans oublier le très couru « Bravo au photographe et surtout bravo au modèle ;-)))», il n'a pas d'égal dans la flagornerie de supermarché, au cas où son petit compliment serait récompensé d'un innocent « Prenons donc un café pour se connaître IRL.»

La positive

Très présente sur Facebook et d'une assiduité sans faille, c'est une femme dans la trentaine fébrile ou la quarantaine affolée, perfusée à la bisounourserie vitaminée. Elle se balade, de-ci, de là en laissant toujours des commentaires poétiques et doucereux à chacune de ses apparitions. On la reconnaît facilement car elle ne dit jamais « bonjour » mais « belle journée » et fait un usage excessif de ce même adjectif pour parler successivement de « belle soirée », « belle rencontre », « belle nuit », « belle personne » et quand le nom est masculin, elle évite curieusement le « beau » pour le transformer en « joli », ce qui nous amènera à recevoir ses encouragements pour de « jolis rêves » et un « joli moment » passé ensemble.

Scoopman

Cousin germain du LOLeur, celui-ci s'est donné une mission dans la vie et accessoirement sur Facebook, être le premier à vous informer sur ce qui se passe dans le monde, sur Mars ou dans son immeuble. Journaliste contrarié (et souvent contrariant d'ailleurs), concurrent déclaré de l'Agence France Presse, son monde à lui est l'instant d'avant, celui où vous n'étiez pas connecté. Michael Jackson n'était pas encore dans l'ambulance qui le donnait mort à 5 contre 1. Son principal fait d'arme, vous avoir donné les résultats de l'élection Présidentielle vers 10h00 du matin parce qu'en plus de ne rien rater de ce monde en mouvement perpétuel, sa belle sœur tenait un bureau de vote à Montluçon.

La femme aux doigts de pieds

Elle, on ne sait pas pourquoi mais ce qui la relie au monde extérieur n'est pas son visage que l'on suppose gracile et avenant mais le sempiternel Instragam de ses doigts de pieds écartelés et savamment manucurés sous toutes les latitudes. C'est bien simple, dès qu'elle arrive quelque part, elle est prise d'une envie irrépressible d'enlever ses Louboutin pour immortaliser, téléphone en main ce détail si important de son anatomie. Quand elle part en vacances, vous attendez d'elle une photo des Pyramides de Gizeh ou un cliché du Temple de Borobudur. Eh bien vous l'avez, au loin, entre le pouce et l'index.

Le citeur fou

A son sujet, on se dit d'abord que son érudition est sans limite et qu'on est tombé sur le fils ou la fille spirituelle d'un encyclopédiste. A chacun de ses statuts, il ou elle publie une citation d'un auteur disparu, un truc auquel on n'avait pas pensé, qui nous fait réfléchir à notre destin et au sens même de notre existence. Mais les soupçons commencent à nous envahir quand il publie des phrases posées sur des images de petits oiseaux s'envolant au devant d'un arc-en-ciel, une fin d'après midi dans le sud d'un pays où il fait beau. Là, on devine qu'il appartient en réalité à la confrérie très secrète des adorateurs de la carte postale animalière.

Le franchouillard

On n'aime pas forcément croiser son chemin quand on est en voyage à l'étranger et qu'on le reconnaît à dix miles avec sa mine grise, son air de ne jamais apprécier le monde qui l'entoure et son obsession à déclamer au premier interlocuteur venu « non, mais c'est qui le client ici ? » Eh bien on pensait pouvoir y échapper mais c'était sans compter Facebook où il prolifère et se répand sur nos murs. Il est au troll ce que la chenille est au papillon, c'est un nuisible en devenir qui fait ses gammes en critiquant successivement son pays, ses dirigeants (d'où qu'ils viennent), les journalistes, les présentateurs de jeu télé, les invités des émissions, la télévision abrutissante, ses voisins, son patron (quand il en a encore un), les réseaux sociaux,…

Voilà ma petite galerie de portraits. A vous de voir si vous en connaissez des comme ça ou si vous vous reconnaissez simplement dans l'un ou l'autre de ces profils (ce qui serait un peu plus préoccupant).

Quoiqu'il en soit, il n'y a pas que ça sur Facebook. Il y a tout plein de gens sympas et surtout de vrais amis, des gens dont on veut absolument partager un morceau de quotidien et qui nous manquent véritablement lorsqu'ils ne donnent pas de nouvelles.

J'aime penser que vous faites partie de ces gens là.

Petite chronique sur l'importance du temps dans l'information

Note publiée le 8/11/2013

A l'invitation de l'association Initiatives & Changement, je participais récemment à une conférence débat sur le thème "Médias, démocratie et cohésion sociale" aux côtés de Aziz Senni (entrepreneur, auteur, homme politique) et Marc Cheb Sun (journaliste fondateur du magazine Respect). Parmi les observations qui ont été faites par les participants, l'une d'entre elles m'a particulièrement inspirée.

Elle fut l'initiative d'un jeune homme qui nous interpella sur la nécessité de diversifier ses sources d'information. Pour lui, un citoyen éclairé devait savoir le faire afin de se prémunir de la manipulation ou de toute autre forme de crédulité.

Je lui ai emboîté le pas tout en rajoutant un élément qui me paraissait fondamental de porter au débat, celui du temps.

Diversifier ses sources d'information pour être correctement informé, c'est avant tout replacer ou conjuguer cette diversification dans un contexte temporel.

Si les réseaux sociaux permettent d'être informés en temps réel sur tout ce qui se passe de grand ou de petit dans le monde ou dans le quartier, il faut prendre le temps de consulter des sources qui enrichissent l'information brute d'un commentaire ou d'une mise en contexte. Il faut aussi pouvoir y revenir avec le recul nécessaire à la parfaite compréhension.

J'en suis parfaitement conscient, il est très séduisant de zapper d'une information à l'autre, un peu comme un grignote une nourriture légère. Ce n'est pas pour autant que l'on peut se considérer informé. Être informé, ce n'est pas seulement savoir que quelque chose vient d'arriver, c'est aussi s'approprier l'information par la possession de clés de compréhension. Et il est extrêmement difficile d'accéder à ce niveau de compréhension lorsque l'on ne consomme que des tweets en guise de sources.

J'adore les réseaux sociaux et tout ce qu'ils ont bousculé dans les flux d'information mais je suis pour autant super critique vis à vis des gens qui s'en contentent. Les réseaux sociaux occupent une place particulière sur l'échèle du temps et c'est une place qui a besoin d'être complétée par une autre temporalité, celle de la hauteur de vue.

Dans les éternels débats sur l'avenir de la presse et le mal qu'Internet aurait fait aux médias traditionnels, j'ai toujours eu envie de rappeler qu'une partie de la presse n'avait pas succombé à une bataille de pertinence ou de qualité mais à une lutte idiote et perdue d'avance pour conquérir la primauté sur l'immédiateté.

Au lieu de se concentrer sur leur vraie valeur ajoutée qui consiste selon moi à nous informer correctement par la sélection et l'enrichissement des faits, les journalistes se sont positionnés massivement et jalousement aux avant-postes des réseaux sociaux pour être les premiers à publier un truc que des millions d'internautes risquaient de faire avant eux. Ils ont tenté vainement de faire un OPA sur l'instant alors que ce n'est pas là qu'ils prouvent leur utilité.

Vous me direz que ce n'est pas bien grave et qu'il demeure toujours des journalistes suffisamment avisés pour nous proposer ce recul indispensable et que nous n'avons qu'à retrouver le chemin des kiosques.

Ce n'est pas si simple que ça.

Car en se focalisant sur le traitement de l'information en temps réel, en investissant des moyens considérables pour concourir dans cette course au premier tweet, les journalistes ont appauvri l'information du public et ouvert la porte à la désinformation et la manipulation.

Dans La démocratie des crédules de Gérald Bronner, cette dérive est parfaitement décrite : *"...les journalistes et les commentateurs en général sont des hommes comme les autres. Ils sont victimes d'illusions mentales et contaminés par des enjeux idéologiques, mais cette fragilité habituelle de l'esprit humain est amplifiée par l'urgence à délivrer une information à laquelle les contraint le monde médiatique. Lorsque le temps de latence précédant le commentaire tend à diminuer, l'empire de l'erreur de raisonnement et du stéréotype subreptice s'étend irrésistiblement."*

Le temps est un facteur clé de la qualité de l'information et l'agilité de l'opinion publique est dépendante de cette qualité. Dans un monde où le tweet est roi et les journalistes des followers, on risque de servir aux citoyens, lecteurs, téléspectateurs, des informations erronées, non vérifiées et dont l'importance est issue d'un phénomène de panurgisme dont les "retweet" et les "like" sont les carburants essentiels.

Tout en continuant à jouir de la puissance virale du web social, nous devons avoir à cœur de consommer parallèlement des publications ou des émissions qui auront su tirer parti d'un temps plus long pour nous remettre les idées en place.

C'est pour cela que je pense que l'avenir de la presse est dans l'apparition et la multiplication progressive de publications attachés à l'enrichissement des débats ou aux reportages en profondeur, des publications à la périodicité mensuelle (<u>Causeur</u>, par exemple) ou même trimestrielle (à l'image de l'excellente <u>Revue XXI</u>). Elles trouveront leur public car elles sont furieusement utiles à notre information à tous.

Je serais jeune journaliste en mal de job, c'est à ces portes là que j'irais frapper.

La vie privée est-elle une anomalie ?

Note publiée le 25/11/2013

Il n'en a pas fallu beaucoup plus pour que le petit monde des observateurs du web soit en émoi et commente, effrayé et scandalisé, ces propos.

Dans une conférence donnée la semaine dernière, Vint Cerf, l'un des pères de l'Internet, Chief Evangelist de Google a prononcé des mots qui ont choqué pas mal de gens. Mais, comme dans de nombreux cas similaires, la petite phrase a été sortie de ses explications pour laisser libre cours à tous les délires.

Qu'a dit ce manager de Google ?

"*La vie privée pourrait être une anomalie*" tout en rappelant que cela n'était pas nouveau. Elevé dans un petit village sans téléphone, il a rajouté que "*Dans une ville de 3.000 habitants, il n'y a aucune vie privée. Tout le monde sait tout à propos de tout le monde.*" Avant de conclure que, avec Internet, "*Il sera de plus en plus difficile de protéger sa vie privée.*"

Continuant dans son propos, Vint Cerf a tenu à préciser que, contrairement à ce que tout le monde prétend, le besoin de vie privée n'est pas dans la nature humaine. Au contraire, clame-t-il ! "*C'est la révolution industrielle est l'essor des concentrations urbaines qui a conduit les sociétés à promouvoir le sens de l'anonymat.*"

Avant de diaboliser Google et d'y voir encore la main invisible de Big Brother qui nous espionne et nous prive de tout, je voudrais partager avec vous quelques réflexions que ces propos m'inspirent.

Je pense d'abord que Vint Cerf a raison de prendre des références historiques et de rappeler que nous sommes un animal éminemment social dont la richesse est issue en partie de la vie en communauté et de ce désir de partager nos ressources et fondre nos existences dans un ensemble plus large. Il a ainsi parfaitement raison de rappeler que la notion de vie privée que l'on dissimule à ses voisins est une invention moderne née de l'ère industrielle et de l'essor des métropoles.

L'autre réflexion que cela m'inspire est que sa prédiction est évidemment très pertinente. Aucun d'entre nous ne peut dire le contraire et ne peut nier qu'il est de plus en plus ardu de protéger sa vie privée, si tant est que nous voulions d'ailleurs le faire. Car le point crucial de ce débat réside non pas dans les technologies ou les attitudes d'un Google ou d'un Facebook, mais dans la volonté et le libre arbitre des internautes.

Depuis que je suis sur Internet et que j'observe le développement des réseaux sociaux, je suis témoin chaque jour ce besoin de livrer des éléments de vie privée sans que personne n'ait rien demandé à ceux qui le font. Comme si le fait de se dévoiler était un marqueur social, le signe d'appartenance à une société avide de reconquête d'un lien social perdu depuis des années.

En poussant le raisonnement encore un peu plus loin et en extrapolant ce que nous dit Vint Cerf, nous pourrions donc affirmer que la révolution industrielle a eu un impact négatif sur la vie en société, qu'elle nous a séparés les uns des autres, isolés dans nos tours et nos quartiers, et qu'Internet nous offre aujourd'hui la possibilité de réparer en nous permettant de créer les conditions d'un nouveau lien pour l'animal social que nous sommes fondamentalement.

De vous à moi, j'aime bien cette idée et je préfère cette lecture des propos de Vint Cerf plutôt que de me satisfaire de ces articles outrés qui ont tenté de diaboliser un peu plus Google et l'Internet.

La question de la vie privée est une question cruciale à l'époque où nous vivons. Internet a certes créé les conditions d'une plus grande exposition de ce que nous considérions comme "privé" par le passé mais la question que nous devons nous poser est de savoir si c'est bien ou mal. Et je crois pour ma part que la réponse n'est pas aussi tranchée qu'on veut bien le dire.

S'il est évident que les populations les plus vulnérables (et je pense notamment aux jeunes) doivent être préservés par une meilleure éducation des dangers d'une trop impudique exposition, je pense aussi que la dimension sociale du net est un progrès incontestable et historique de nos sociétés. Essayons de mettre à jour notre logiciel et de prendre du recul vis à vis de nos peurs primaires qui nous font voir en chaque géant du net un monstre diabolique.

Et puis, n'oublions pas que nous sommes les acteurs de notre propre impudeur et que nous pouvons y renoncer à tout instant. Internet est une création collective, déterminée, rêvée des internautes eux-mêmes. Ils l'ont créé car ils en avaient quelque part besoin.

Expression sur les réseaux sociaux : l'éloge du clin d'œil

Note publiée le 18/04/2014

S'il y a bien une réflexion que j'ai entendue une bonne centaine de fois à propos des réseaux sociaux, c'est celle qui affirme, péremptoire et définitive, que ce monde où ces gens racontent ce qu'ils ont bouffé, à quelle heure ils ont fait pipi ou qui publient les photos de leurs pieds en pleine page est un espace inutile, vain, stérile. Qu'il n'y a que ça à voir et que c'est pour cette raison que l'on y perd son temps.

Cette caricature des conversations sur le web social est l'argument massue de tout un tas de gens qui s'estiment supérieurs à ce flot discontinu de futilités sans le moindre intérêt intellectuel.

Il y a quelques années, un grand personnage politique français qui était l'invité d'une grande émission de radio avait eu cette répartie parée de condescendance pour répondre au jeune journaliste qui lui demandait pourquoi il n'avait pas de compte Twitter : *« Mais, croyez-vous que l'on puisse résumer ma pensée en 140 caractères ? »* Un silence gêné avait suivi, marquant toute la portée de l'incompréhension mutuelle.

L'année dernière et alors que je faisais une présentation au sein d'une grande entreprise sur l'importance des réseaux sociaux dans la formation de l'opinion, le patron m'interpella et me dit : *« Si vous estimez que les gens vont m'apprécier davantage si je leur dis que j'ai mangé un bœuf bourguignon le week-end dernier, c'est que ce monde va mal, très mal. »* Ce à quoi j'avais répondu quelque chose du style : *« Au moins, certains comprendront que vous êtes un homme comme les autres, sensible aux petits plaisirs de la vie et pas cette personnalité un peu froide et distante que tout le monde devine. »*

Vous qui me lisez, j'imagine que vous en avec aussi en mémoire de ces avis tranchés formulés par ces gens qui se sont servis des années durant de cette posture caricaturale pour mieux exprimer leur retrait de cette conversation planétaire.

Bien sûr que cela n'a aucun intérêt éditorial de faire une photo de ses pompes et de son jean troué comme celle que j'ai faite cette semaine. Bien sûr que ça ne va pas changer le monde de tweeter sur son menu de déjeuner, sur le fait qu'on est à l'aéroport, prêt à embarquer, sur l'absurdité des conversations d'un voisin dans le métro,... Bien sûr que c'est insipide au possible de poster un *« Bonjour à tous »* à la cantonade de ses followers et que cela n'apporte rien, ni du point de vue de l'acquisition des connaissances, ni de celui de l'enrichissement par l'information.

Mais pourquoi vouloir absolument associer "l'important" dans les relations humaines uniquement aux échanges de haute volée ?

Les clins d'œil que nous sommes des millions à nous adresser les uns les autres contribuent à tisser une toile d'affections croisées qui sont le ciment d'une nouvelle façon de créer du lien social. Ce n'est pas le message qui est important, c'est la finalité de l'expression, ce qu'elle va produire comme émotion chez l'autre. C'est la sédimentation de toutes ces couches en 140 caractères qui nous procure le désir d'échanger ou pas avec des personnes dont nous ignorions tout auparavant. Et n'oublions jamais que dans réseau social, il y a le mot social et que, des deux mots, c'est celui-ci qui est le plus important.

Ces clins d'œil sont des opportunités uniques de diversifier l'expression et de permettre à ceux qui nous suivent d'apprendre et connaître autre chose de nous.

Avant que j'ouvre ce blog en novembre 2004 (et oui, presque 10 ans), les gens de mon milieu professionnel savaient de moi que j'étais un entrepreneur, le patron d'une agence de relations publiques qui avait pas trop mal réussi, que j'avais la quarantaine et que j'étais vaguement intéressé par les nouvelles technologies. Et c'est tout !

Depuis, au fil des notes que j'ai publiées ici et des tweets que j'ai commis, je suis heureux que les gens sachent autre chose de moi. Si je suis toujours dans les métiers de la communication et de l'influence, ça me fait franchement plaisir que les gens sachent pourquoi et comment j'ai cheminé dans la vie, qu'ils connaissent ma sensibilité de citoyen fut-elle engagée et tranchée politiquement. Je crois important aussi que ceux qui me suivent puissent identifier les valeurs qui m'animent et qu'ils fassent avec moi le chemin de mes ambitions. D'un point de vue certes plus anecdotique, j'aime aussi partager mes expérimentations culinaires, mon goût des jardins, ma « main verte », ma progression laborieuse au golf, ma passion des voyages et de tout ce qui se rapporte aux bateaux, mes coups de cœur et mes coups de gueule,...

Qu'est-ce que cela m'apporte ?

Ce ne sont certes que des clins d'œil mais la satisfaction que je retire de leur partage est cette intuition parfois confuse que les gens me connaissent tel que je suis et non pas uniquement via l'image aseptisée et contrôlée du professionnel en représentation. Et j'aime cette idée !

L'engagement individuel et personnel sur les réseaux sociaux offre à ceux qui le veulent bien des clés de compréhension sur un individu, clés qu'aucune stratégie de communication traditionnelle ne pourra jamais apporter. Dans la conversation qui nous anime, nous utilisons ces clins d'œil comme des marqueurs existentiels à la source du lien que nous décidons de créer. Et là, nous revenons à la problématique centrale de ce débat : Qu'est-ce qui est important ? Connaître les gens tels qu'ils sont réellement ou tels que leur fonction les met en scène ? Doit-on ériger une barrière infranchissable pour protéger tout ce qui est personnel et le bannir de la dialectique des conversations publiques ?

Pour ma part, j'ai évidemment une préférence pour la première solution. Et c'est là que je trouve tout l'intérêt des réseaux sociaux d'ailleurs. Outre le lien qu'ils m'ont permis de créer avec vous, ils m'offrent régulièrement la possibilité de mieux connaître certaines personnes et de mieux en comprendre les aspirations.

Mais attention, je fais bien la différence entre ce qui est personnel et ce qui est intime. Si j'affirme que les expressions qui éclairent une dimension personnelle de l'individu l'enrichissent, je pense aussi que le partage de l'intime n'a pas sa place sur les réseaux publics et que l'on doit le conserver pour ne pas troubler un message par une expressivité hors sujet.

J'ai à de très nombreuses reprises été séduit par les clins d'œil que les gens autour de moi adressaient. Et cela peut aller de personnalités très célèbres comme Nikos Alliagas dont j'ai découvert la très belle sensibilité artistique et notamment photographique, à de simples individus comme cette collaboratrice de mon ancienne agence qui a récemment posté sur Facebook des sons qui m'ont mis sur le cul et fait découvrir en elle une chanteuse superbe que j'ignorais totalement. On gagne toujours à s'intéresser à autre chose qu'à l'évidence que l'on croit être le socle principal d'une personne.

Certains appelleraient ça des suppléments d'âme. Je dis pour ma part que l'accumulation de ces petites choses sans importance, ces clins d'œil lancés comme des bouteilles à la mer, sont les nouveaux marqueurs de nos sociétés connectées. Ils sont bien plus importants qu'on ne le pense. Ils nous rapprochent les uns des autres sans jamais être intrusifs car nous avons toujours le choix de suivre ou ne pas suivre un individu.

D'un point de vue professionnel, ces clins d'œil sont un moyen formidable pour les personnalités publiques, patrons, entrepreneurs, politiques, artistes, intellectuels,... d'enrichir leur propre réputation par des attributs d'images qui se révèleront très précieux. Ces touches apparemment sans importance permettront d'accéder à une meilleure visibilité et seront utiles pour nouer un lien d'affection solide avec le public. Ils seront les marchepieds d'une image riche, inspirante et attachante.

Donc, méfions nous de nos mépris instinctifs guidés par les convenances d'un autre temps. L'essentiel n'est pas toujours là où on le croit.

Amis sur les réseaux sociaux ou la dangereuse confusion des sentiments

Note publiée le 29/04/2014

Cette note m'a été inspirée par une jeune femme que je suis sur Facebook et ailleurs, une nana hyper-connectée, branchée comme il y en a peu, qui tweete de manière si compulsive qu'elle est capable à elle toute seule de vous créer un hashtag pour l'occasion si vous l'invitez à dîner et de faire de votre soirée un trending topic en moins de deux. Si elle m'a inspiré cette note, c'est que depuis quelques temps, elle entretient une sorte de dialogue émotionnel et lancinant avec ses "amis" Facebook dans un contexte apparent de baisse de moral et de colère sourde qui s'exprime de manière aussi répétitive que maladroite.

Ne cherchez pas de qui il s'agit, ce n'est pas ce qui est important en l'espèce et, de toute manière, je suis certain que vous connaissez tous au moins une personne comme ça dans votre entourage online. Ce à quoi le comportement de cette jeune femme m'a fait réfléchir, c'est à la notion d'ami sur les réseaux sociaux et à la confusion des sentiments qu'elle peut entraîner dans certains cas. Cette jeune femme s'adresse à ses amis Facebook, les interpelle, les prend à témoin, les traite comme un vrai groupe de potes dont elle loue d'importance dans des termes parfois un peu naïfs, même si je sais qu'elle est fondamentalement sincère.

Or, et je le pense vraiment, on n'a pas d'amis qui ne soient que sur les réseaux sociaux.

On peut avoir des amis — ou des copains/copines, ne chipotons pas — que l'on retrouve aussi sur Facebook et avec qui on a des échanges en ligne, on peut démarrer des relations épistolaires qui se transformeront peut-être en amitié lorsqu'on se sera rencontrés, mais je ne crois pas qu'on puisse considérer tous ces gens qui ne font que vous suivre sur les réseaux, commenter vos statuts et que l'on n'a jamais rencontrés "dans la vraie vie" comme des amis.

Et là, je vous imagine en train de penser que c'est évident, que je ne vous apprends rien. Peut-être, mais certaines âmes sensibles, plus en demande d'affection ou d'amour que d'autres, plus solitaires et sensibles aussi, peuvent se méprendre et croire que la fréquentation des mêmes espaces en ligne, le partage de quelques statuts et des "like" bien envoyés à propos, nous permettent d'établir une relation comparable à de l'amitié ou de la camaraderie.

Sur Facebook ou ailleurs, nous n'avons pas d'amis, nous avons des spectateurs.

Les réseaux sociaux ont ceci de grisant qu'ils vous apportent un public, plus ou moins large en fonction de votre assiduité, de votre volonté d'accepter ou non de nouvelles personnes pour entrer dans notre cercle, de votre quête relationnelle personnelle ou tout simplement de votre évolution professionnelle. André Malraux disait *"il n'y pas de héros sans auditoire"* et je pense que les réseaux sociaux ont permis à certains de se sentir les héros de leur communauté en alimentant leur auditoire d'un flux ininterrompu de tweets, photos, vidéos,...

Certains font ça mieux que d'autres mais je pense que ceux-là sont parfois excessivement grisés par le sentiment d'être observé, scruté, applaudi, liké, commenté,... C'est vrai que ça fait super plaisir mais c'est un immense trompe l'œil.

Je disais récemment dans un tweet qu'il ne fallait surtout pas s'exprimer sur les réseaux avec le seul espoir de provoquer une réaction car l'attente de la réaction perturbera la sincérité de l'expression en rendant peu à peu son auteur dépendant et fébrile des commentaires des membres clés de sa communauté. Même si je n'en ai pas le preuve scientifique, je suis convaincu que c'est dangereux pour l'équilibre affectif et c'est un peu ce que j'ai ressenti en lisant dernièrement les statuts de la jeune femme dont je parlais au début de cette note.

Nous devons tous prendre de la hauteur et de la distance par rapport à ces échanges. C'est de la communication, de la représentation, ce qui par ailleurs n'est pas méprisable !

Ca peut devenir un jour de l'amitié mais ça ne l'est pas si l'on en reste à une relation online. Nous nous mettons en scène et sommes les producteurs d'une image finalement très travaillée que nous voulons exposer aux autres, pour qu'ils nous perçoivent tel que cela nous avantage le plus. En étant actifs sur les réseaux, nous émettons le désir d'être visible et ancré au sein d'un groupe humain à qui l'on va demander d'apprécier ce que nous partageons. Nous voulons être aimés comme un acteur le désire en montant sur les planches, pas comme un ami intime.

Voilà ce que je voulais dire aujourd'hui sur un sujet que je trouve passionnant et sur lequel je reviendrai sûrement.

7 raisons d'être fier de pratiquer les relations publics

Note publiée le 12/05/2013

Au cours de mon voyage au Pérou cette semaine, j'ai eu le privilège de représenter l'International Public Relations Association (IPRA) dont j'ai été élu président pour l'année 2013 afin de remettre une récompense à l'Université San Martin de Porres de Lima pour sa contribution exceptionnelle à l'enseignement des relations publiques.

Tout au long de cette visite certes un peu protocolaire, j'ai eu l'opportunité de répondre à un grand nombre d'interviews de journalistes péruviens qui m'ont pratiquement tous posé la même question au cours des entretiens : en quoi les relations publics sont-elles importantes ?

Je voudrais donc ici donner ma réponse à cette question et plutôt que de parler d'importance qui est un concept tout relatif, je voudrais parler de fierté et exprimer les 7 raisons qui font que, selon moi, les professionnels de ce secteur peuvent être fiers de développer cette expertise.

1/ Nous sommes les artisans des liens d'une organisation ou d'une personne avec le public

Comme l'a défini la Public Relations Society of American (PRSA) en lançant en 2011 un appel à projet pour aboutir à une définition universelle des RP, *"Public relations is a strategic communication process that builds mutually beneficial relationships between organizations and their publics"* que l'on pourrait traduire par : les relations publics sont un processus de communication stratégique qui construit des relations mutuellement bénéfiques entre des organisations et leur publics.

Je trouve pour ma part qu'il y a là une première source de fierté car le fait d'établir une relation bénéfique dans un contexte où la défiance gagne chaque jour du terrain est un point essentiel, un élément moteur pour notre démocratie.

2/ Nous sommes des facilitateurs des flux d'information

Je ne crois pas et je n'ai jamais cru que le rôle d'un professionnel des RP était de transformer l'information, de la manipuler ou de la dénaturer. Au contraire, j'ai toujours pensé que ma principale valeur ajoutée consistait à rendre l'information disponible en contribuant à fluidifier la transmission et l'accès à l'information.

Tant pour les organisations ou les personnalités qui m'engageaient que pour les influenceurs qui me sollicitaient, j'ai conçu ma valeur ajoutée sur cette promesse et toujours œuvré dans ce sens.

3/ Nous sommes des acteurs d'une plus grande transparence

Plus nous travaillons au service d'organisations exposées médiatiquement et plus notre travail consiste à les rendre accessibles et transparentes. Nous ne sommes pas des remparts contre les assauts de l'opinion publique via ses représentants mais au contraire les alliés de l'ouverture.

Et croyez-moi sur parole, c'est un combat parfois compliqué que nous menons chaque jour tant nous sommes conscients de l'impérieuse nécessité d'améliorer un niveau de confiance qui est fonction du sentiment d'être correctement informé.

4/ Nous sommes des acteurs du changement au sein des organisations qui nous mandatent

Une organisation qui consacre du temps aux relations publics est une organisation qui progresse et se transforme. Parce que nous aidons à établir des relations mutuellement bénéfiques, parce que ces relations font une place importante aux interactions, nous sommes au cœur d'un processus conversationnel dont l'organisation a tout à apprendre.

Les professionnels des RP sont les ambassadeurs des commentaires de l'opinion et font souvent bouger les lignes grâce à ce qu'ils retiennent des échanges.

5/ Nous sommes à la croisée des chemins de l'influence

Ne cherchez pas plus loin, n'allez pas regarder du côté des spécialistes de la communication digitale ou autres générations spontanées de community managers, les professionnels les plus légitimes pour être au cœur des stratégies d'influence sont les professionnels des RP. Parce que leur métier a toujours consisté à fluidifier les flux d'information auprès des médiateurs qui ne sont autres que des influenceurs, les pros des RP détiennent un savoir irremplaçable.

Même si certains n'ont pas voulu évoluer par méconnaissance des opportunités offertes par le digital, la communication d'influence est au coeur des RP.

6/ Nous protégeons nos clients des manipulations et des rumeurs

Alors que beaucoup de gens se préoccupent légitimement de l'éthique de celles et ceux qui détiennent le pouvoir (médiatique, politique, économique), il ne faut pas oublier que le monde de l'information doit également se protéger des manipulations qui viennent d'en bas et qui sont, du fait de l'explosion des médias sociaux, de plus en plus nombreuses.

L'un des rôles les plus importants des professionnels des RP est de protéger les organisations et les personnalités pour lesquelles ils travaillent contre ce que l'on appelle aujourd'hui l'infowar.

7/ Les relations publics sont un indice de modernité d'une société

Enfin et j'ai eu l'occasion de le dire à de nombreuses reprises dans les entretiens que j'ai eus avec les journalistes péruviens, le fort développement du secteur des relations publics dans un pays permet d'apprécier la modernité de la société de l'information et, derrière elle, la modernité de la société toute entière.

Un public correctement informé est un public capable de prendre des décisions de manière éclairée. Des organisations plus ouvertes sont des organisations qui deviennent par la force des pressions publiques plus éthiques et plus responsables au sein de leurs communautés.

Pour toutes ces raisons, je crois que le métier des relations publiques est un métier absolument essentiel dont les professionnels peuvent être fiers de pratiquer au quotidien. A des années lumières des clichés qui enferment ce job dans un univers de paillettes aussi superficiel qu'idiot, nous faisons et nous devons faire un travail indispensable qui mérite d'être valorisé à sa juste place dans la société.

J'ai essayé de passer le message au fil de mes rencontres au Pérou et je continuerai de le faire tout au long de mon année de présidence de l'IPRA. C'est ma mission principale et j'y consacrerai toute mon énergie.

Relations publiques : de la gestion de l'information à la gestion des émotions

Note publiée le 29/05/2014

C'est le thème d'une présentation que j'ai donnée à Rostov en Russie lors de l'ouverture de la 5ème édition d'une conférence sur le marketing organisée par l'association russe des relations publiques et c'est également ce dont je vais parler en Lettonie aux étudiants de l'université de Turiba devant lesquels j'interviens samedi matin à l'occasion de leur boot camp annuel, DDD (Dinamiskās Domas Darbnīcā). L'idée de cette présentation est de partager ce qui me semble être le principal enjeux des RP dans un monde digital et ainsi susciter une réflexion sur une nécessaire évolution (pour ne pas dire révolution) professionnelle.

J'en ai déjà parlé ici : j'ai voulu voir un jour quelle définition on donnait des RP quand j'ai commencé ma carrière pour la comparer à la définition la plus récente possible (c'est un métier qui a la curieuse particularité de comporter des dizaines de définitions). Dans un livre écrit par un professeur américain qui a longtemps fait autorité, James E. Grünig, il était écrit en 1984 *"Les RP sont l'activité qui consiste à gérer la diffusion d'information entre une organisation et son public."* En 2010, la PR Society of America a quant à elle validé la définition suivante après une consultation des professionnels du monde entier interrogés par Internet : *"Les RP sont un processus de communication stratégique visant à établir des relations mutuellement bénéfiques entre une organisation et ses publics."*

Etonnant, non ? Il y a 30 ans, on parlait d'information. 30 ans après, on parle de l'établissement d'une relation. C'est ce que j'ai trouvé particulièrement intéressant et c'est sur cet aspect là des choses que j'ai commencé à réfléchir.

Quels sont les éléments qui permettent de passer de la transmission d'une information à l'entrée en relation à l'ère des médias sociaux ? Comment poser les bases de cette relation mutuellement bénéfique et envisager sérieusement la favoriser ? Il m'est alors rapidement apparu que c'était la puissance émotionnelle d'une conversation qui était la solution et donc le moteur des RP modernes.

L'émotion est une énergie qui se répand sur les réseaux sociaux grâce à trois activités basiques : le "Like" qui est en lui-même l'illustration d'une émotion, la rédaction d'un commentaire qui est souvent animé par la correspondance émotionnelle que l'on a vis à vis d'un contenu et enfin le partage qui est généralement proportionnel à l'émotion que nous a procuré un contenu. Ces trois activités qui sont la mécanique des phénomènes de buzz se nourrissent de nos émotions.

Pharrell Williams et son tube planétaire *Happy* en sont une retentissante illustration. Dès que le clip est sorti et a été publié sur Youtube, des milliers de personnes à travers le monde se sont approprié la chanson (près de 2000 à ce jour) et se sont mis en scène dans leurs propres vidéos. Ce fut une appropriation aussi instantanée que massive guidée par la volonté de partager l'émotion et l'énergie du bonheur répétée en boucle comme une incantation dans la chanson. CQFD.

Ce qui est très spectaculaire dans l'aventure de ce clip est certes assez rare et exceptionnel dans son ampleur mais soyez certain que le rôle des émotions dans la communication d'influence est majeur, même à une petite échelle que peut être celle d'une PME.

De ce constat, il me semble que tous les professionnels de la communication doivent retenir 7 enseignements fondamentaux.

1. Communiquer ne suffit plus

C'est sans doute une très bonne nouvelle pour le public. Ça l'est un peu moins pour les organisations communicantes : la diffusion d'information ne permet plus de faire la différence et emporter une décision. C'est d'ailleurs cette première constatation qui fait dire à certains que les RP sont mortes. Une stratégie de RP gagnante doit être conçue avec une dimension inspirationnelle destinée à provoquer une émotion au sein de la cible. Rangez vos vieux communiqués de presse, ils n'ont presque plus aucun intérêt et attelez vous à créer les conditions du désir de converser.

2. Les émotions sont devenues le véhicule des RP

Dans un monde où nous passons notre temps à partager avec les membres de nos communautés des choses qui nous font rire ou pleurer, des vidéos qu'on adore, des textes qui nous inspirent, l'émotion est devenue le principal véhicule des campagnes d'influence. C'est la clé de contact qui permet de mettre en route le moteur "réseaux sociaux" et il n'est pas nécessaire d'y être très présent. L'essentiel est d'inspirer les parties prenantes qui prendront le relai.

3. Les foules sont devenues un média à part entière

Si les émotions sont le véhicule des RP, les foules sont leur média. J'en ai longuement parlé à l'occasion de l'organisation de la conférence ReputationWar en janvier dernier, les "foules sentimentales" connectées sont désormais au contact direct des organisations communicantes, ce sont elles qui passent et se repassent les infos et créent les conditions du succès d'une campagne d'influence. Apple est l'exemple absolu de ce phénomène. J'ai géré pendant 10 ans les RP de cette marque mythique et bien figurez vous qu'elle n'avait aucune présence officielle sur les réseaux sociaux, que c'était même interdit. Et pourtant, elle a inspiré tellement de gens que ce sont les internautes qui ont fait le boulot, faisant de la pomme la marque la plus aimée au monde.

4. Le diable est dans les détails

C'est sans doute ce qui exaspère le plus les communicants qui réfutent encore la place centrale prise par les réseaux sociaux : les internautes s'intéressent et commentent des informations périphériques à l'information principale. Vous aimeriez qu'ils ne parlent que de votre produit, de ses qualités objectives, et ils en font des tonnes sur la personnalité du dirigeant, sur les conditions douteuses de fabrication en Asie ou encore sur la manière avec laquelle l'entreprise traite ses employés. Des phénomènes d'auto-combustion se produisent ainsi sur des pans entiers d'information que l'organisation n'était pas spontanément prête à commenter. C'est traumatisant mais c'est la puissance émotionnelle qui explique cette apparente dispersion. Starbucks en a fait les frais en Grande Bretagne lorsque les internautes ont découvert le système pernicieux et peu civique mis en place par l'enseigne afin d'échapper au paiement de l'impôt sur les bénéfices.

5. Les internautes sont à la recherche de leurs pairs

Ce que les gens ont vécu en commun ou tout simplement ce dans quoi ils se reconnaissent les uns les autres provoque la propagation des informations. C'est l'effet "me too" (moi aussi) qui contribue à la puissance virale. Un de vos amis poste un avis sur un produit, un service ou une destination, si vous savez de quoi il parle pour avoir vécu une expérience similaire avec le sujet de son avis, il y a peu de chances que vous résistiez à donner à votre tour votre avis. Toutes les études sur la confiance (et notamment le Trust Barometer d'Edelman) démontrent que l'on fait davantage confiance à quelqu'un comme soi pour se faire une opinion sur une organisation que sur le porte parole officiel. C'est là aussi un enseignement qui participe à la crise des RP traditionnelles.

6. Le monde ne dort jamais

Il n'y a pas d'heure pour s'exprimer sur le web social et je dirais même que c'est au moment où les internautes sont les plus disponibles pour passer du temps sur la toile — le soir, la nuit et le week-end — que les phénomènes de buzz vont se déployer avec la plus grande puissance. Lors d'un récent audit que j'ai réalisé auprès d'un groupe de consommateurs d'une grande marque, la plupart d'entre eux me disaient qu'ils attendaient d'être tranquilles le soir après dîner pour aller se connecter sur les réseaux, prendre des nouvelles de leurs "amis" et leur adresser quelques commentaires. Du point de vue des communicants, c'est à ce moment qu'il faut être vigilant et, à ce titre, les RP doivent progressivement devenir une activité qui ne dort pas non plus pour coller au rythme des parties prenantes.

7. Tout le monde va être confronté à des situations de crise

Ça aussi je l'ai dit à de nombreuses reprises mais il est important de le répéter. Le web social a multiplié les points de contact entre les organisations et leurs publics et les internautes commentent désormais chacun de leur faits et gestes. Résultat, les organisations sont exposées comme jamais et elles sont infiniment plus vulnérables du point de vue de la réputation. Au moindre faux pas, à la moindre erreur, l'indignation et l'incompréhension vont se répandre sur la toile, guidées par les émotions partagées des parties prenantes et de leurs amis. Et c'est précisément parce que l'on partage une émotion (et non pas une information) que la propagation sera spectaculaire.

Voilà le cœur de mon sujet.

Quel est l'enseignement principal à retenir de tout ça et que mettre en place pour se préparer à affronter ce que d'aucuns appelleraient une jungle émotionnelle ? Ma réponse tient dans deux mots : **l'écoute et le monitoring**.

Ne cherchez pas plus loin et avant de faire quoi que ce soit, consacrez une grande partie de votre temps (et de votre intelligence) à écouter ce qui se dit sur la toile afin de vous en inspirer. Tout est là, il suffit d'aller le cueillir. Le web a ceci de merveilleux que vous pouvez tout analyser et décortiquer. Les émotions des internautes sont publiques, elles vous adressent un message, il est de votre responsabilité de le détecter, de l'analyser et d'en faire une aide à la décision. Il ne s'agit pas d'être soumis à la dictature des émotions des consommateurs et d'aller vers un monde où ce seraient les clients qui dirigeraient la boite. Non, c'est à l'organisation de définir sa stratégie mais celle-ci doit s'inspirer (s'enrichir ?) des émotions véhiculées par les parties prenantes représentatives de la majorité. Elle doit devenir une "community driven organization."

C'est là que se situe l'art des RP dans un monde digital.

Chapitre 3 :

Conseils

Médias sociaux : 4 règles pour s'imposer

Note publiée le 19/10/2012

Beaucoup d'organisations se posent la question lorsqu'elles se disent prêtes à franchir le pas et à s'engager enfin dans les conversations qui peuplent le web : comment faire en sorte que l'investissement que je veux faire, en temps et en euros, soit couronné de succès et productif de résultats ?

Même s'il n'y a pas de réponse standard et absolue, il existe selon moi quatre règles d'or qui sont quatre fondamentaux à respecter à la lettre.

Ce ne sont peut-être pas des conditions suffisantes mais elles sont en tout cas nécessaires (et impératives). Pour exister durablement sur les médias sociaux et se faire remarquer, il faut travailler sur 4 choses essentielles.

Créer des idées

Le web regorge de contenu. Si l'on veut exister sur Internet, il faut être singulier et le meilleur moyen d'y parvenir est de lancer des idées nouvelles.

Etre disruptif, ne pas avoir peur d'exploser les codes de la langue de bois ou du discours corporate ou marketing aseptisé et se tenir à la limite de la provocation, tels sont les objectifs que doit avoir une bonne prise de position ou de parole. Un auteur ou une organisation que l'on va suivre doit se distinguer des autres dans sa capacité à provoquer l'attention.

Mais les idées ne sont pas toujours des messages. Les idées peuvent être des attitudes, une façon inédite de se comporter. Certaines personnes ont ainsi parfaitement réussi à s'imposer sur la toile en proposant peu de mots mais des comportements décalés.

Créer des liens

On n'est jamais seul sur Internet, et même lorsque l'on est l'unique auteur d'un espace ou d'un blog, il faut le faire en tentant d'identifier la communauté qui se trouve à sa périphérie. Pour une entreprise, cela peut être des partenaires, des employés, des candidats, des journalistes, des concurrents. Pour un individu, cela sera d'autres individus qui partagent les mêmes pensées, les mêmes valeurs, la même religion, bref, quelque chose qui crée un lien objectif.

Ce que l'on doit faire une fois que l'on a identifié les membres de sa communauté, c'est parler d'eux et faire des liens vers leurs espaces. En invitant vos lecteurs à aller les lire, vous vous ancrez vous-même dans un écosystème.

N'oubliez jamais qu'il faut savoir donner avant de recevoir. Vous voulez de l'audience ? Commencez à montrer que vous voulez en apporter aux autres.

Créer des interactions

Le propre du web social est de reposer sur la promesse d'interactions. Pour s'imposer sur Internet, il faut concevoir en amont la mécanique qui donnera envie aux internautes d'entrer en relation avec vous.

Cela peut être une logique de jeu (ce que l'on appelle la gamification), un sondage, un appel à contribution, un appel à l'aide, une provocation destinée à choquer, bref, il faut être très clair avec la proposition que l'on fait à ceux que l'on veut séduire.

Il ne suffit pas de pondre une note, de la faire suivre d'un formulaire à commentaires pour réussir à créer l'envie d'interagir. Il faut une mécanique que vous concevrez comme on écrit un scénario.

Créer des rendez-vous

On ne le dira jamais assez, si l'on n'est pas capable d'être assidu sur le web, inutile d'aller s'y exposer en fantasmant sur une quelconque attention des internautes. On n'acquière de l'audience que sur la régularité et sur la conviction que l'on donnera aux lecteurs que l'espace sur lequel on s'exprime est fourni. D'ailleurs, il m'est souvent arrivé de conseiller à des clients de ne communiquer sur l'ouverture de leur blog après avoir écrit une petite dizaine de notes.

Le temps est différent sur le net, il va plus vite et n'obéit pas aux mêmes règles que celles qui gèrent les médias traditionnels mais le temps est essentiel.

Il y a des moments pour poster des notes, des jours et des heures dans la journée plus propices à l'influence. Il faut être capable de s'en inspirer sur l'on veut être suivi.

Par exemple, la note que vous êtes en train de lire a été écrite hier vers 20h15 et a été programmée pour être en ligne à 8h00 précises. 20h15 est une assez mauvaise heure car les gens sont occupés à autre chose et peu attentifs en ligne (18h – 19h est un bon créneau, tout comme après 21h00). Par contre, 8h00 du matin est une assez bonne heure car c'est l'heure à laquelle les gens se reconnectent et consultent leurs différents flux.

Créer des idées, créer des liens, créer des interactions et créer des rendez-vous, voilà quelques règles de base qui doivent tous nous inspirer au moment où l'on projette d'y installer une présence influente sur le web social.

Gestion de la réputation : 8 questions pour mesurer la vulnérabilité de votre organisation

Note publiée le 3/12/2012

Vous le savez, j'organise la conférence ReputationWar et l'un des propos consiste à mettre l'accent sur le fait que l'augmentation du volume des conversations en ligne accroît la vulnérabilité des organisations et des individus et que, si ces derniers n'y prennent pas attention, cela risque de provoquer des situations de crise.

S'il n'est pas utile — du moins je le pense — de revenir sur la réalité de la vigueur des conversations, la question que beaucoup de personnes se posent est de savoir s'ils sont ou non vulnérables ? En d'autres termes, quels sont les risques qu'une crise survienne à plus ou moins court terme.

En dehors des aléas naturels de la vie et des accidents qui pourraient se produire, il existe des moyens de mesurer sa propre vulnérabilité en situation de marche normale. Et cela consiste à se poser quatre questions.

Mon organisation fait-elle son métier de manière responsable ?

Aujourd'hui, il ne suffit plus de proposer aux consommateurs un produit ou un service de qualité, il faut également le faire dans une démarche responsable. Cela peut se situer dans les méthodes de production, dans le choix des matières premières, dans l'impact carbone, mais aussi dans les circuits de recrutement et de management qui sont au cœur du fonctionnement de toute organisation. Si l'organisation se moque de cette dimension citoyenne, les consommateurs finiront tôt ou tard par le dénoncer.

Mon organisation a-t-elle des valeurs ?

La question des valeurs est un point qui va prendre une très grande importance dans les années à venir. C'est un point corolaire de la question précédente, les valeurs qu'une organisation respecte vont garnir ses attributs de marque et vont coller à la peau de son identité. La réputation d'une organisation va se nourrir de ces valeurs qui vont même prendre le dessus sur la marque elle-même d'un point de vue figuratif.

Mes collaborateurs ont-ils adopté les valeurs de l'organisation ?

Il ne suffit pas que le PDG ou le directeur de la communication se soient réveillés un beau matin avec une illumination qui les a conduit à déclamer des valeurs pour leur organisation, il faut que tous les collaborateurs de l'organisation, de la base au sommet, en aient été au minimum informés et au mieux, les aient adoptées eux-mêmes dans leurs comportements. Des valeurs déclamées sans le travail nécessaire de transmission en interne reviennent à du "green washing" et ne servent à rien. Pire, cela peut être pris pour une provocation dans l'esprit du public.

Mon organisation est-elle facilement trouvable en ligne ?

La première démarche d'un internaute lorsqu'il a entendu du mal d'une organisation, d'un produit ou d'une personne est d'aller se renseigner en consultant son moteur de recherche préféré. Et là, de la capacité à apparaître en bonne position dans les pages de résultat va dépendre une partie de la solution. Si les premiers liens renvoient vers des forums de discussion ou les pages tenues par des polémistes — qu'ils soient bien intentionnés ou non — les internautes vont s'en contenter, même si cela va à l'encontre des intérêts de l'organisation.

Mon organisation est-elle engagée sur les médias sociaux ?

C'est bien beau de dire que Facebook, c'est super, que tout le monde est sur Twitter, aussi faut-il s'en servir à des fins professionnelles et entrer dans la conversation. Beaucoup de mes clients se posent l'intérêt pour eux de participer. Certains prétendent qu'ils n'ont pas grand chose à dire, que ça prendre trop de temps ou alors que cela n'intéressera personne. Ici, il faut bien comprendre que le premier intérêt de s'engager dans une démarche conversationnelle n'est pas d'intéresser ou de devenir populaire mais bel et bien d'être identifié par les membres de la communauté qui gravitent autour de vous et ainsi d'humaniser la communication.

Mon organisation est-elle à l'origine de la majorité des informations disponibles en ligne sur elle ?

Ce point est fondamental et on pourrait l'appeler l'indice de buzz. Il est essentiel de pouvoir mesurer d'un point de vue quantitatif le nombre d'informations qui sont disponibles sur la toile sur votre organisation et de dresser un tableau des sources. Si ce qui est sur le web est beaucoup plus du fait de conversations spontanées que d'informations délibérément émises par votre organisation, alors il y a un problème potentiel lié au contrôle de la réputation qui est désormais dans les mains du public et non plus dans les instances communicantes de l'organisation. En cas de problème, cette situation est inflammable.

Mon organisation a-t-elle mis en place des méthodes d'écoute des conversations ?

On ne le dira jamais assez mais l'écoute est le nerf de la guerre. C'est la première des choses à mettre en place lorsque l'on prend conscience de l'importance des conversations en ligne. Il faut écouter ce qui se dit sur Internet : écouter certes la manière avec laquelle les gens parlent de vous mais écouter aussi la manière avec laquelle ils parlent de vos concurrents et votre écosystème. Mais si la tâche vous semble immense, c'est indispensable car seule l'écoute vous permettra de tuer une crise dans l'oeuf le jour où elle se produire (voire même d'empêcher que la crise n'advienne).

Mon organisation a-t-elle identifié les principaux influenceurs ?

Dernière question mais d'importance elle aussi, l'identification des influenceurs est une étape obligée dans l'anticipation. Les conversations ne se propagent pas d'un point unique mais suivent un chemin qui les fait passer par des relais et ces relais sont des individus qui ont une influence sur leurs voisins. Personne ne fait plus confiance à une seule source mais à un faisceau de points de vue. La cartographie des gens dont on écoute la voix dans votre écosystème doit être réalisée et mise à jour en permanence. Car ce sont ces gens qui seront les transporteurs de votre réputation.

Voici ce le type de check-list qui peut vous préserver de la plupart des problèmes de réputation que vous pourriez devoir subir depuis les réseaux sociaux. Si vous avez répondu non à la majorité de ces questions, vous êtes en grand danger.

Si, au contraire, vos réponses sont toutes positives, je vous adresse mes félicitations ! Votre organisation est exemplaire et accessoirement mieux protégée.

Qui travaille son image récolte une bonne réputation

Note publiée le 25/3/2014 et dans l'édition de mars du magazine Marketing

La réputation est un miroir qui reflète une image construite à partir de ce que le public a compris de vous

Pourquoi parle-t-on aujourd'hui tant de la réputation et pourquoi est-ce devenu la préoccupation principale des dirigeants d'entreprises, comme l'a montré une récente étude publiée par le cabinet Deloitte ? Pour deux raisons qu'il est essentiel de comprendre.

La première est que la réputation est une sorte de sentence, un jugement sans appel des parties prenantes qui va opérer une hiérarchisation et déterminer ce qui est important dans l'identité globale : la qualité des produits ou des services, la compréhension et l'appréciation de la communication de la marque ou de l'organisation, les valeurs que ces dernières véhiculent, l'attitude de leurs dirigeants, l'éthique, le respect de l'environnement, etc.

Tout participe à l'élaboration de la réputation mais tout ne sera pas retenu dans la conclusion qui est une sorte de raccourci fait d'une ou deux clés de compréhension maximum. La réputation est une simplification un peu minimaliste et outrancière. C'est ce que les parties prenantes ont retenu de vous malgré vos efforts à dire ou faire beaucoup d'autres choses. Vous me direz que cela a toujours été le cas. Certes, mais cela n'a pas toujours été autant partagé. Car la deuxième raison qui rend la réputation essentielle est à rechercher dans sa puissance virale.

A l'heure des médias sociaux, la réputation est une œuvre collective co-construite par les parties prenantes et véhiculée par ces derniers comme une vérité ultime. Elle n'est pas seulement issue des commentaires des clients.

Elle se nourrit des analyses de la presse, de l'avis des concurrents, de la perception de simples spectateurs, de la déception des consommateurs malchanceux, des tweets de fans galvanisés, de ce qu'expriment les collaborateurs sur le net,... C'est une agglomération d'opinions qui n'ont pas toutes le même intérêt ou la même culture pour donner leur avis mais qui vont malgré tout modeler tous ensemble un portrait au scalpel autour duquel l'adhésion sera massive.

Dans un monde qui oscille en permanence entre le vrai et faux, qui zappe sans arrêt, dont les consommateurs sont soumis à la dictature de l'immédiateté et la communication contrainte, la réputation est une valeur refuge. Elle est ce sur quoi on s'appuie pour interagir ou non avec une marque ou une organisation Reconnaître son importance, c'est accepter de s'en remettre à une forme d'intelligence collective qui a traduit en quelques mots tous simples les innombrables messages que vous avez émis. C'est faire acte d'une humilité fondamentale en attribuant à l'image renvoyée par le miroir une vraie valeur.

C'est enfin comprendre que l'information et la communication ne sont pas les seuls éléments constitutifs de la réputation et que la sincérité des actes a pris le dessus sur les mots. C'est la transition vers un marketing progressif car inspiré par la pertinence des foules et c'est finalement une opportunité pour toutes les organisations d'évoluer.

Quelle utilisation des réseaux sociaux dans des environnements BtoB

Note publiée le 2/10/2012

Voilà une question que l'on me pose souvent : à quoi peuvent bien servir des campagnes sur les réseaux sociaux lorsque l'on est une entreprise qui ne propose ses produits ou ses services que dans des environnements professionnels et à un nombre limité de personnes ?

Il est vrai que cette question est légitime.

C'est l'exemple type d'une organisation qui ne vend que de manière indirecte à l'utilisateur final, qui passe par un réseau de revendeurs et qui présuppose que les revendeurs en question n'ont que faire des conversations sur Linkedin, Facebook ou Twitter.

A priori, on serait tenté de donner raison à ces dirigeants lorsqu'ils affirment ne pas être concernés par le web social. En réalité, la situation est beaucoup plus complexe que cela et je voudrais faire trois remarques pour tenter d'éclairer le débat.

On est toujours le « B » de quelqu'un

Lorsque je suis sur les réseaux sociaux, où que je navigue, je suis qu'une seule et même personne (si, si, je vous l'assure) mais j'ai plusieurs casquettes. Je suis à la fois le consommateur final qui va s'acheter des produits de la vie quotidienne : des gadgets électroniques, des livres et des ustensiles de cuisine, des voyages, des vacances, une moto,... Mais je suis également dirigeant dans une agence de communication, cible potentielle de tout un tas de prestataires de services : organisateurs de séminaires, vendeurs de bases de données, voyagistes, recruteurs, fournisseurs d'études, de piges presse,...

A quel moment suis-je le consommateur et à quel moment suis-je le professionnel ? La vie privée et la vie professionnelle se sont fondues l'une dans l'autre et il peut m'arriver de naviguer à titre professionnel et d'être capté par une offre privée et inversement.

Et ma présence sur les médias sociaux répond à la même simultanéité, même s'il est vrai que certains réseaux sont plus propices à des échanges professionnels que personnels. C'est une première raison de ne pas négliger les réseaux sociaux dans les environnements BtoB.

Il faut composer avec le BtoBtoC

Le revendeur à qui vous allez fournir vos produits est au contact des utilisateurs finaux. Il a besoin de les séduire avec son catalogue et si votre notoriété est installée auprès de ces derniers, vous allez créer des effets de leviers très utiles.

Pour formuler autrement ce point, l'idée défendue ici et qu'il faut créer les conditions de favoriser la demande en amont mais aussi en aval de l'intermédiaire avec lequel vous êtes en relation. Il est à ce titre utile que le grand public connaisse votre marque, cela aura un effet de prescription qui facilitera la vente du distributeur, et donc la vôtre.

Une utilisation intelligente des réseaux sociaux va favoriser votre besoin de notoriété sur un marché encombré et global et où l'information est pléthorique.

Il ne s'agit pas là de vendre mais de construire une marque.

Les réseaux sociaux vont se segmenter

Nous sommes dans la première ère du développement des médias sociaux au cours de laquelle nous sommes confrontés à un phénomène de foule et de masse.

Pour faire simple, des centaines de millions de personnes se sont retrouvées au même endroit et ont grossi les statistiques de Facebook.

Demain, nous allons probablement assister à un phénomène inverse obéissant à un mouvement de balancier. Ce n'est qu'une intuition de ma part mais j'ai la conviction que le web social va se segmenter de plus en plus autour de communautés d'intérêt cohérentes et moins peuplées.

Des micros réseaux sociaux vont naître et se développer avec une logique communautaire volontariste. Et je pense qu'une partie d'entre eux sera organisée autour d'univers professionnels très fermés et donc beaucoup plus propices aux échanges commerciaux.

Ce n'est pas encore une réalité mais cela ne saurait tarder si j'en crois les signaux faibles qui prouvent que des phénomènes de repli se produisent déjà dans certains groupes humains lassés de la foule Facebook.

Voilà ce que je pouvais dire sur cette question de l'utilisation des réseaux sociaux dans des univers très professionnels.

Finalement, ce que l'on doit comprendre de tout ça, c'est que la dimension sociale va envahir tous les secteurs de l'économie. Ne croyez pas en être épargné et ne passez surtout pas à côté de ce qui est une opportunité.

Exposition personnelle sur les réseaux sociaux : dispersion ou convergence d'identités ?

Note publiée le 5/10/2012

Voilà bien un sujet lancinant auquel je n'ai pas arrêté de réfléchir depuis que je me suis exposé personnellement sur les réseaux sociaux en 2004. D'ailleurs, si je ne m'étais pas posé la question spontanément, d'autres l'auraient fait à ma place, tant les remarques ont été nombreuses dans mon entourage pour commenter mes pas sur la toile.

Lorsque l'on s'engage publiquement sur les réseaux sociaux, qui est-on ? Le professionnel ou l'individu dans sa sphère privée ? L'un ou l'autre ? Les deux à la fois ?

Mon expérience personnelle m'inciterait aujourd'hui à répondre une seule personne aux attributs multiples.

Vous ne pouvez pas savoir le nombre de fois où mon entourage professionnel a eu peur de la portée de mes déclarations publiques abruptes, m'invitant à plus de modération dans l'intérêt exclusif supposé des organisations pour lesquelles je travaillais. Comme si une prise de position politique individuelle pouvait mettre en péril une relation commerciale scellée entre deux entreprises.

Je connais des gens qui croient avoir réglé le problème en se créant deux profils, l'un personnel et l'autre professionnel, et en imaginant que l'on pourrait ainsi faire la part des choses autour d'eux.

Or, ce n'est pas ainsi que les choses se passent.

Les identités ne se dupliquent pas dans une sorte de séparation symbolique et hermétique. Non, les éléments constitutifs d'une personnalité convergent au contraire vers un seul et même ensemble qui s'enrichit de ses différentes facettes.

A ma très grande surprise, lorsque j'ai commencé à faire de la politique en 2007 et à en parler sur mon blog, mes clients n'ont pas eu de réaction de rejet. Ils ne m'ont pas sanctionné pour avoir exprimé des idées qui n'étaient pas les leurs. Les retours que j'ai eu à ce moment-là étaient tous positifs sur le thème : chapeau, on aime les gens qui s'engagent et qui vont jusqu'au bout.

Je comprenais alors que cet engagement politique permettait en fait à ceux qui ne me connaissaient que par le boulot de découvrir une facette inédite de ma personnalité. Et j'irais même jusqu'à affirmer que cela les rassurait dans ma capacité à me battre pour eux à la défense de leurs intérêts.

C'est là que j'ai compris que la diversité de mes expressions jouait comme autant d'attributs de marque permettant de connaître une seule et même personne.

Mais puisque c'est de la convergence d'identité, que faut-il en comprendre et en quoi cela peut-il nous inspirer pour conseiller nos clients ou nos collègues qui seraient tentés de s'aventurer dans une exposition personnelle active sur les réseaux sociaux ?

Je crois qu'il y a un maître mot : la cohérence.

Découvrir que l'entrepreneur que j'étais, publiquement passionné par la révolution numérique depuis toujours, entrait en politique pour défendre la liberté d'expression sur Internet et une vision nouvelle du numérique, cela ne choquait personne car je crois que c'était cohérent.

Et puis la cohérence était même élargie. Dans l'image que l'on se fait de l'entrepreneur, il y a le combattant, celui qui va se battre pour faire fructifier son entreprise. C'était assez cohérent avec l'idée que l'on se fait de l'activiste. Enfin, dans ce que l'on comprend du métier des RP, quelqu'un qui va tenter d'influencer en portant des idées, il y avait aussi de la cohérence avec mon engagement.

La grande leçon que je retire de cette exposition personnelle parfois outrancière et à la périphérie de mon activité professionnelle, c'est que l'on peut tout faire sans risquer d'en pâtir, à condition que cela soit cohérent et consistant avec les choses que les gens pensent de vous.

A l'heure des médias sociaux, notre réputation à tous se forge sur ces attributs d'image. Nous dispersons volontairement et involontairement les pièces d'un puzzle privé que nos « followers » essayent en permanence de reconstituer.

Et tout comme les pièces d'un puzzle, il faut tout assembler pour avoir l'image complète.

Communication de crise : quand faut-il s'inquiéter ?

Note publiée le 11/11/2011

Vous le savez, je parle beaucoup et de plus en plus de communication de crise sur ce blog et sur le lien qui existe entre la prolifération des médias sociaux et la probabilité pour que surviennent des situations de crise.

Mais en discutant récemment avec quelques amis, professionnels de la communication eux aussi, nous avions un débat sur la question centrale de savoir déterminer la gravité d'une situation. En d'autres termes, quand faut-il s'inquiéter lorsque quelque chose de négatif se produit autour de la réputation d'une organisation, d'une personnalité ou d'une marque ? A partir de quel moment quittons-nous la simple évocation d'un incident et selon quel repère peut-on parler de crise ?

J'avoue que ce sont des questions essentielles. Et à l'heure où les conversations sur les médias sociaux se multiplient, il ne faudrait pas que tout le monde soit gagné pour un vent de panique qui ait pour conséquence de qualifier de crise majeur un simple impondérable sans la moindre importance.

Non, ce n'est pas parce qu'un client, blogueur de surcroit, dit que votre produit est pourri ou que vous êtes le pire des managers qu'il faut pour autant parler de situation de crise et mobiliser tous les consultants de la terre pour venir à votre rescousse. Non, selon moi, il existe trois facteurs qui font que l'on peut parler de crise potentielle et il faut les examiner attentivement avant de s'affoler.

La perte de contrôle

Pardonnez- moi cet affreux mot mais le premier élément à évaluer est la « contrôlabilité » de la situation. Un incident ne se transforme pas en crise si vous pouvez le contrôler.

Un client se plaint ? Vous pouvez le contacter et entamer une conversation en privé avec lui qui vous permettra de proposer une solution, ne vous inquiétez pas. Même si le gars à des milliers de followers, de fans ou d'amis (appeler cela comme vous voulez), si vous avez la possibilité de reprendre la main, tout devrait rentrer dans l'ordre rapidement et de façon suffisamment discrète pour ne pas entamer durablement la réputation de votre organisation.

Si, au contraire, la situation échappe à toute tentative contrôle, que vous ne savez pas qui est à l'origine de l'incident, que vous n'avez pas le début du commencement d'une identité, que vous êtes face à un groupe organisé et assez obscur dans son fonctionnement, apparemment déterminé à vous combattre, vous pouvez commencer à vous inquiéter.

Le contrôle est une dimension essentielle dans toute situation de crise. Car gérer une crise revient souvent à reprendre le contrôle sur la communication.

La prédisposition de l'opinion publique

« On nous cache tout, on nous dit rien », voilà le genre de phrases que tout le monde a prononcé au moins une fois dans sa vie pour se plaindre du fait que nos dirigeants n'étaient pas assez transparents. C'est certes un lieu commun mais c'est révélateur de ce que les gens pensent.

Il y a un truc que l'on ne mesure pas suffisamment souvent à mon goût, c'est la prédisposition de l'opinion publique à considérer a priori quelque chose comme une vérité tellement plausible que l'on en fait une certitude dès qu'elle apparaît.

On mesure l'opinion publique en réaction à une information mais pas sa capacité à croire vraisemblable quelque chose qui n'est pas encore arrivé.

Or, si l'incident dont vous êtes victime arrive en écho à ce que les gens étaient prêts à croire, alors il faut s'inquiéter.

La viralité devient un jeu

Un individu ne fait pas le groupe. Pour qu'une crise se répande, il faut que de nombreuses personnes la partagent et la transmettent à leurs proches. Et au cœur de cette volonté de transmettre se cache souvent une logique proche du jeu en ligne.

Si l'information à l'origine de l'incident dont vous êtes la victime n'est pas drôle à partager, il y a de fortes chances que cela reste du domaine de l'épiphénomène.

Par contre, si cela devient le « truc dont tout le monde parle », que les internautes commencent à pasticher par des parodies ou des détournements, alors cela devient potentiellement majeur et massif.

La dynamique du jeu, ce que les analystes appellent la « gamification » est une composante absolument essentielle des phénomènes de buzz. Réfléchissez à ce que vous avez envoyé à des proches récemment ou que vous avez reproduit sur votre mur Facebook. Je suis sûr que vous y trouverez des incidents que vous avez trouvés amusant de partager avec les gens qui vous suivent. Si une organisation ou une personnalité est soumise à une mécanique de jeu, et même si ce jeu est macabre, alors il faut vraiment s'inquiéter sérieusement.

En conclusion

Même si les situations de crise vont se multiplier comme je le dis souvent, tout n'est pas crise. Il faut rester détendu et ne pas s'affoler au premier bad-buzz venu. Une crise qui fait des dégâts à des attributs et il est important de les analyser avant de présenter ses excuses au monde entier.

Chapitre 4 :

Et demain...

RP et déontologie : le numérique nous impose-t-il de nouvelles règles ?

Note publiée le 8/05/2013

Personne ne le dira jamais assez, les métiers de la communication ont été bouleversés par la révolution numérique qui a tout chamboulé et transformé en profondeur nos expertises.

S'agissant des RP en particulier, j'ai été récemment invité en Suisse pour animer une soirée débat au cours de laquelle il m'avait été demandé par la Société Romande des Relations Publiques (SRRP) de répondre à la question suivante : En quoi la révolution numérique nous impose-t-elle de nouvelles règles ? Et quelles sont ces règles ?

Avant de détailler mon point de vue, sachez que j'ai conçu pour l'occasion une présentation Powerpoint que vous pourrez visionner sur mon espace Slideshare.

Pour résumer ma pensée, voici quels en sont les axes principaux.

Tout d'abord, j'ai voulu rappeler que les codes de déontologie qui ont inspiré notre profession et singulièrement le Code d'Athènes voté par l'International Public Relations Association (IPRA) en 1965 décrivent parfaitement notre métier et sont d'une étonnante modernité quand on pense à l'avènement des médias sociaux. Tout y est déjà et j'ai pu constater avec plaisir que je n'aurais franchement pas dit mieux.

Par ailleurs, en travaillant ce sujet, je me suis rendu compte que la définition des RP était très proche de la définition des médias sociaux, signe que la dimension sociale fait partie de notre ADN depuis toujours.

Du coup, il ne m'est pas apparu pas forcément nécessaire d'en rajouter si l'objectif était de décrire la manière avec laquelle nous devons travailler au service des organisations qui nous engagent. Par contre, il y a un point qui a attiré mon attention.

Ce que nos pères fondateurs n'avaient pas prévu par contre, ce sont les conséquences des nouveaux pouvoirs de l'opinion.

Pour faire simple, nos codes ont été conçus dans un esprit qui visait à protéger l'opinion des dérives potentielles des autorités communicantes (nos clients, nous-mêmes). Il faut dire que les fondateurs de l'IPRA se réunirent pour la première fois en 1949, quatre après la fin de la seconde guerre mondiale, à un moment singulier où il fallait tourner le dos aux insupportables propagandes qui avaient dominé des années durant les relations entre les gouvernants et les citoyens. Dans un élan constitutionnaliste spectaculaire, le monde réécrivait son destin en promulguant un nombre conséquent de lois fondamentales.

Inspirés par la récente adoption de la Déclaration Universelle des Droits de l'Homme et notamment son article 19 qui définit la liberté d'expression, les fondateurs de l'IPRA conçurent un texte orienté vers la protection du citoyen.

La société de l'information a changé depuis et la révolution numérique a bouleversé l'équilibre des pouvoirs. Si nous devons toujours œuvrer à la préservation des lois fondamentales qui protègent le citoyen, nous devons aussi regarder le monde tel qu'il est. C'est cette observation qui nous commande désormais de protéger aussi la société dans son ensemble contre les dérives potentielles de l'opinion qui a acquis un pouvoir sur l'information.

Et ça, ce n'est nulle part abordé dans nos codes. C'est pour cela que j'ai émis l'idée dans ma présentation de travailler à de nouvelles règles déontologiques en changeant radicalement de point de vue.

Les trois pistes de travail que je suggère sont donc les suivantes :

1/ Faire des professionnels des RP les adversaires engagés et actifs de la manipulation d'où qu'elle vienne et les promoteurs déterminés d'une information juste, authentique, vérifiable,...

2/ Inscrire dans nos codes la volonté d'ouvrir davantage les organisations pour lesquelles nous travaillons afin de les rendre plus transparentes, plus accessibles et plus engagées dans les conversations.

3/ Nous engager à lutter contre "l'infowar" sous toutes ses formes : les rumeurs, le brand hacking et les attaques organisées conçues pour nuire à la réputation des organisations ou des personnes. C'est un point corolaire du premier mais c'est un point spécifique tout de même. Le premier évoque un combat pour une information authentique alors que celui-ci s'intéresse à lutter contre une forme active et voulue de malveillance.

En tant que Président de l'IPRA pour 2013, je vais essayer de faire avancer ce sujet sur un plan international. Et je vous en reparlerai. En tout cas, je serais très fier d'avoir pu faire avancer ce sujet.

Se protéger du public : le nouveau défi des communicants ?

Note publiée le 13/06/2013

On parle beaucoup et à juste titre des réseaux sociaux et de la manière avec laquelle les organisations peuvent communiquer et entrer dans les conversations avec les parties prenantes. Les agences prestataires rivalisent d'ingéniosité pour dégager des budgets de leurs clients, pour prouver qu'il est essentiel d'aller là où les gens sont et tentent d'évangéliser sur les nouvelles formes d'interaction.

C'est bien, intéressant, prometteur même en termes de potentiel de chiffre d'affaires, mais est-ce vraiment là que se situent les principaux défis pour les organisations communicantes ?

Personnellement, je ne le crois pas.

Je pense qu'il existe une série de challenges que les organisations et les professionnels refusent poliment d'affronter, challenges qui sont tous issus des nouvelles formes d'expression des individus et de la dangerosité que cela représente pour l'équilibre des réputations.

Sans vous entraîner dans un raisonnement anxiogène (qui n'est pas du tout compatible avec mon optimisme chronique), je voudrais néanmoins m'attarder sur ce point.

Les technologies de l'information, les médias et les réseaux sociaux ont fourni aux individus des armes de communication massive. Ils sont des millions à s'en être saisis et à en expérimenter la puissance quotidiennement. Ils en maîtrisent les rouages et les codes et sont si nombreux et si agiles qu'ils peuvent faire ou défaire, applaudir ou punir, aimer ou calomnier au gré de l'humeur d'une actualité qu'ils amplifieront forcément.

Alors qu'ils n'étaient que spectateurs sur la scène médiatique il y a encore quelques années, les individus sont devenus auteurs, commentateurs, amplificateurs. Ils sont devenus des médias à part entière mais des médias sans contrôle, sans éthique particulière et parfois sans la moindre limite.

Là où nous, professionnels de la communication, avons vécu des années à tenter de protéger le grand public des dérives manipulatoires des organisations ou des personnes pour lesquelles nous travaillions, nous devons désormais réfléchir s'il n'est pas devenu tout aussi utile de protéger la société dans son ensemble des dérives outrancières et des excès d'une opinion publique en liberté.

Je pense qu'il y a là un chantier immense et que c'est un chantier essentiel.

De la même manière que nous devons nous refuser à tout angélisme lorsque nous évoquons l'Internet et les réseaux sociaux, nous devons poser de manière pragmatique les risques que cette nouvelle sphère médiatique qui s'exprime dans tous les sens, bruyamment et de manière totalement incontrôlable fait peser sur la communauté.

Le web est le théâtre de toutes les libertés d'expression (et j'en ai été le premier à les promouvoir et m'en réjouir) mais c'est aussi le théâtre de la liberté de mentir, de tromper, de nuire sciemment et de désinformer.

Prenons bien garde à ne pas le négliger.

Je travaillais hier avec d'autres professionnels des relations publiques sur les règles de déontologie qui doivent s'imposer à nos métiers à l'heure du numérique et j'ai soumis l'idée que nous devions désormais nous intéresser à devenir les artisans de l'intégrité et de la sincérité de l'information, quelque soit le sens dans lequel l'information circule, du haut vers le bas ou du bas vers le haut.

J'en suis persuadé, nous passerons plus de temps demain à protéger nos clients contre des campagnes de dénigrement et de déstabilisation qu'à promouvoir leurs dernières innovations. Notre rôle d'agents attachés à la promotion des messages cèdera peu à peu la place à celui de gardes du corps de la réputation des marques, des organisations ou des personnes pour lesquelles nous travaillerons.

Si vous y réfléchissez deux secondes comme je vous invite à le faire aujourd'hui, cela vous ouvrira de nouveaux horizons. Notre métier va s'enrichir de la prise en charge de cette nouvelle dimension et se transformer peu à peu avec la montée en puissance du rôle de public.

Il ne s'agit pas pour moi de décrire un monde fait de noirceur qui ne serait qu'hostilité et agressivité mais d'envisager sérieusement l'hypothèse que la gestion de la réputation dans un monde digital ne pourra se gérer qu'en prenant en compte la bidirectionnalité des flux d'information et anticiper l'idée que le "bottom up" sera source d'innombrables dangers.

C'est sans doute pour ça que je crois autant aux technologies qui permettent d'écouter ce qui se passe sur le web et d'en comprendre la portée. Et je prédis que les acteurs qui disposent aujourd'hui d'une offre sérieuse en la matière seront les stars de la communication de demain. Mais je vous en reparlerai.

Numérique : êtes-vous certain d'être prêt ?

Note publiée le 21/05/2013

Depuis que je m'intéresse au numérique et à ses conséquences pour les métiers de la communication, je rencontre des dizaines de personnes qui me font part de leur enthousiasme curieux face à toutes ces opportunités mais qui me confessent en même temps qu'ils ne sont pas prêts ou que leur organisation n'est pas en état de marche pour gérer les conséquences d'un engagement digne de ce nom.

Du coup, il se créé un fossé énorme entre les prestataires qui ne pensent qu'à vendre des campagnes et des annonceurs parfois paralysés par l'enjeu quand ils ne sont pas totalement ignorants de ce qu'on leur demande de faire.

Il faut dire que les agences sont peuplées de collaborateurs fanatisés à des degrés divers par les promesses du numérique quand ils ne sont pas tout simplement "geeks", c'est-à-dire accros aux nouvelles technologies et à leurs gadgets. Ils en bouffent matin, midi et soir, se sont fait une religion de communiquer sur le web et n'accordent plus aucun crédit aux médias traditionnels qu'ils ont vite fait de ringardiser d'un revers de recommandation.

Pour eux, il faut être sur le web et rien d'autre. Ils parlent de e-reputation comme si on avait une réputation spécifique sur Internet (c'est idiot !), ils noient leurs interlocuteurs dans un jargon incompréhensible qui en devient pédant. Au bout du compte, ils en arrivent à dégoûter ceux qu'ils sont sensés séduire.

A fil des années s'est instauré un dialogue de sourd entre des prestataires sur les starting blocks prêts à toutes les disruptions, qui rêvent d'emmener leurs clients vers les cimes des plus prestigieuses récompenses créatives et les annonceurs qui voudraient bien se laisser tenter mais qui ne le peuvent pas, faute d'organisation en place.

Oui, car le problème n'est pas celui du rejet du digital contrairement à ce qu'en pensent, dépités, les agences éconduites, mais celui de l'inadaptation à la déflagration que représenterait potentiellement l'engagement des annonceurs avec celles et ceux qui s'expriment sur les médias sociaux.

Car il faut bien en être conscient, cela n'a rien d'anodin de passer d'un mode de communication maîtrisé et descendant à un mode conversationnel qui va exposer la marque au contact de ses clients, de ses fans mais aussi de ses détracteurs potentiels.

Il faut être prêt à traiter, à répondre, à apporter des solutions concrètes. Il faut aussi être prêt à assumer les attaques, les remises en cause, les exposés factuels qui pointent obstinément les points faibles. Il faut aussi être conscient que tout ceci va avoir un impact sur l'ensemble de l'écosystème, à commencer par les propres collaborateurs de l'organisation qui peuvent se sentir mal à l'aise vis à vis des commentaires extérieurs. Il faut voir en face les effets grossissants du web et concevoir des dispositifs adaptés.

S'engager sur les réseaux sociaux, ce n'est pas rajouter un ligne budgétaire pour inviter quelques blogueurs à une sauterie, c'est changer la manière avec laquelle on interagit avec son public.

C'est pour répondre à ce besoin que je propose à mes clients de les préparer dans leur transition digitale en travaillant sur la structure et les processus à mettre en place pour tirer le meilleur parti des opportunités du digital sans en subir les conséquences négatives.

Je l'avoue, j'ai beaucoup sous-estimé cette dimension dans mes expériences précédentes. Je ne voulais pas comprendre pourquoi certains de mes interlocuteurs refusaient de faire leur entrée sur les médias sociaux. J'ai même écrit sur un précédent blog professionnel : *"Ce n'est pas un jugement de valeur de ma part, tout au plus une constatation : la majorité des dircoms que j'ai rencontrés sont totalement dépassés par un phénomène auquel ils n'ont pas su (par manque de temps) ou voulu (par manque d'intérêt) considérer."*

J'avais en partie tort car s'il est exact qu'il peut y avoir un fossé culturel et un manque d'appétence, j'ai compris depuis que beaucoup de directeurs de la communication étaient en réalité prudents et ne voulaient pas exposer inutilement l'organisation ou les marques dont ils avaient la charge.

Aujourd'hui, il est temps d'y aller et de mettre pour cela son organisation en ordre de bataille. C'est un chantier important mais c'est un chantier essentiel qui doit précéder un engagement massif.

Quelle révolution pour les relations presse ?

Note publiée le 30/05/2013

Il y a trois jours, Dimitri Granger, co-directeur de Publicis Constulants Net Intelligenz dans la vie professionnelle et accessoirement ami de longue date dans la vie perso signait une tribune dans le site Culture RP sur le thème de la nécessaire révolution que doivent faire les relations presse pour affronter les nouveaux défis qui s'offrent à eux.

Si je suis globalement d'accord avec son point de vue, je voudrais néanmoins le compléter.

Il a raison de poser la question en ces termes : *"...on peut se demander si la sphère des « Relations Presse » a véritablement fait sa révolution copernicienne. A l'instar de l'ensemble des métiers de la communication qui sont aujourd'hui obligés de se ré-inventer, les relations presse ne restent-elles pas trop attachées à et des pratiques qui ne correspondent plus à la réalité ?"*

Et lorsqu'il préconise en fin de tribune trois chantiers, *"maîtriser et comprendre l'environnement, créer, objectiver et mesurer"*, je suis là encore tout à fait d'accord avec lui.

Finalement, la seule chose que je voudrais rajouter est une question de fond : cela a-t-il encore un sens de parler de relations presse ? Je veux dire, peut-on encore faire un métier qui consiste à établir et gérer des relations de confiance avec les journalistes ? Cela a-t-il encore un intérêt pour les annonceurs qui investissent ?

Je n'en suis pas convaincu.

Si dans l'univers du marketing, les journalistes sont toujours un public important, indispensable au bon fonctionnement de notre société, s'ils produisent encore une contribution indiscutable dans les relations des marques avec leurs publics, ils ne sont devenus qu'une partie d'un tout plus vaste. L'opinion ne se contente plus de lire la presse pour être convaincue et avoir confiance. L'opinion se nourrit des pièces d'un puzzle formé par une infinie diversité de sources et de commentaires. Ce qui se trouve dans la presse est complété, amendé, confirmé ou infirmé par tout un tas de gens qui jouent individuellement, consciemment ou non, le rôle de leaders d'opinion en fonction de leur activité sur la toile.

Faire des relations presse en supposant que l'on peut extraire symboliquement les journalistes du reste des influenceurs me paraît être une idée dépassée. Et encore une fois, ce n'est nulle offense vis à vis des journalistes dont je loue le travail depuis toujours et dont nous avons toujours un cruel besoin.

Que recherche une marque en engageant les services d'une agence de Relations Presse ? Que l'on parle d'elle, de ses produits, de ses leaders et si possible en bien. Que l'agence de RP fluidifie la circulation de l'information dans les deux sens, de la marque vers les journalistes et des journalistes vers la marque. Que des journalistes influents prennent la peine d'user de leur pouvoir de recommandation pour potentiellement rendre compte, éclairer et orienter les utilisateurs et autres clients potentiels. Tout cela peut toujours être fait mais cela n'a pas de sens de ne le faire qu'avec journalistes.

L'influence derrière laquelle les marques courent en faisant des RP s'est morcelée et elle est désormais détenue dans les mains d'un public aux profils hétérogènes. Je ne suis pas très optimiste pour les agences de relations presse qui continuent à privilégier cet angle d'attaque. Celles qui n'ont pas intégré la "global picture" de l'influence (et ce n'est pas que digital) sont, selon moi, amenées à disparaître dans un futur très proche. Car leurs clients vont progressivement se détourner d'un savoir faire qui ne traite qu'une infime partie de l'objectif. D'ailleurs, je ne suis pas non plus très optimiste pour les agences digitales qui se sont développées uniquement sur du community management. Elles font la même erreur, sauf qu'elles la font par l'autre bout.

Bref, nous devons tous avoir présent à l'esprit que le digital doit désormais faire partie de tous nos raisonnements lorsque nous parlons à des marques. Ce n'est pas une option, c'est un contexte général qui doit inspirer chacune de nos actions. L'influence est complexe, sachons la prendre en main.

Arrêtons de parler relations presse et parlons relations influenceurs.

Les cinq foyers de développement pour les agences de RP

Note publiée le 27/02/2013

Je rencontre beaucoup de gens en ce moment pour construire mon projet professionnel futur et ces rencontres m'ont permis d'analyser ce qui me semble être les débouchés des relations publics pour les prochaines années. Au moment où tant de gens se plaignent de la dureté du marché et de la difficulté à faire prospérer leur business, je crois pour ma part que les difficultés proviennent d'un positionnement qui ne repose pas sur les vrais leviers de croissance qui sont devant nous. En d'autres termes, ceux qui ne font pas de croissance sont responsables de cet état de fait car je suis convaincu que le futur est radieux pour les agences, à condition qu'elles développent une offre alignée sur les vrais foyers d'investissement.

Pour ma part, j'en vois cinq principaux.

L'écoute et le monitoring du web

C'est pour moi l'un des marchés les plus porteurs et les agences ont une vraie légitimité à construire une offre en la matière. En s'appuyant sur des prestataires spécialisés qui sont nombreux à fournir des solutions de veille, les responsables d'agence doivent se mettre au travail pour élaborer une palette de services qui mettra en avant leur valeur ajoutée au services de leurs clients.

Que ces derniers soient éduqués ou non, l'écoute et le monitoring du web est un passage obligé et toutes les marques, toutes les organisations devront s'équiper pour mieux appréhender le volume des conversations et repérer les signaux faibles qui les impactent potentiellement.

Ici, le marché pour les agences est tout simplement colossal, à condition qu'elle arrivent intelligemment à élaborer une brique de consulting au-dessus de la brique logicielle pure.

La créativité

Le volume et le nombre des conversations rendent les organisations inaudibles. Il ne suffit plus de prendre position pour se faire remarquer, il faut déployer une très grande créativité pour sortir du lot. Là, nous sommes face à un très gros challenge car les agences de RP ne sont pas traditionnellement des lieux de grande créativité.

La faute à qui ? Sans doute à des clients qui ont passé des années à ne demander à leurs agences qu'un service de mise en relation et de diffusion de communiqués en masse. Je pourrais ici citer de nombreuses organisations avec lesquelles j'ai travaillé et qui demandaient à leurs équipes une qualité d'exécution exemplaire mais qui n'étaient pas disposées à accueillir la moindre forme de créativité.

Tout cela devra changer et je prédis pour ma part que des directeurs de la création vont peu à peu envahir les agences pour dépoussiérer les stratégies couramment recommandées et apporter de la disruption.

La création de contenu vidéo

C'est loin d'être un phénomène nouveau mais c'est un phénomène en constante croissance et qui a selon moi de très beaux jours devant lui. Les agences vont devoir proposer à leurs clients des solutions pour élaborer toujours plus de contenus et je crois que, parmi toutes les initiatives en la matière, la vidéo va s'imposer de manière indiscutable comme le premier média de la prise de parole des organisations.

Dans les années à venir, de plus en plus d'organisations vont produire, mettre en ligne et partager des flux vidéo inédits. De véritables web-TV vont éclore autour des marques et représenter le socle des stratégies de brand content et de RP.

Soutenues par des techniques d'optimisation du référencement et par de l'achat média — indispensables en la matière — ces espaces vidéo vont représenter une source de revenus non négligeable pour les agences qui auront su intégrer ce savoir faire.

La responsabilité sociétale

Ce n'est pas purement un sujet RP mais c'est un sujet dont le succès dépendra des RP. Ma théorie est que les organisations vont communiquer de plus en plus sur leurs valeurs, sur les éléments qui donnent du sens à leurs actions et sur les liens qu'elles créent de manière proactive avec leurs communautés.

Dans quelques années, je prends le pari que les budgets alloués aux RP offriront la primauté aux campagnes visant à établir une attitude responsable et éthique afin de convaincre de la citoyenneté des acteurs de l'économie.

Ce sera un rééquilibrage des priorités au détriment d'une communication purement commerciale qui s'expatriera dans les limbes du marketing.

La gestion de situations de crise

J'en parle de plus en plus et je ne vais pas répéter ce que j'ai déjà écrit à de nombreuses occasions, ici ou là et qui ont fait que j'ai créé la conférence ReputationWar. La communication sensible ou communication de crise sera le nouvel eldorado des agences de RP, ou du moins de celles qui auront réussi à développer une vraie expertise en la matière, expertise associée à la maîtrise des réseaux sociaux.

La gestion de ce type de situations constituera le quotidien des agences leaders du marché et, encore une fois, il y a un marché colossal avec beaucoup de revenus à la clé.

Pour conclure cette note prédictive sur l'avenir des agences de RP, je suis persuadé que tous les signaux du marché sont au vert pour celles qui ont su s'adapter au nouveau contexte du web social. Le marché sera dynamique et prospère. Il est déjà là en frémissement, prêt au décollage, alors attachez vos ceintures.

Les trois compétences qui vont sauver les agences de RP

Note publiée le 16/04/2014

Il y a quelques semaines, j'écrivais une note sur mon blog sous le titre "Pourquoi le métier des RP risque de disparaître." Vous avez été extrêmement nombreux à la lire (plus de 10,000 vues à ce jour) et à la commenter sur les divers réseaux sociaux. Je viens de la relire et il n'y a pas un mot que j'enlèverais de cette analyse tant je pense toujours que c'est un métier en danger. Mais dans le prolongement de cette réflexion, je voudrais aujourd'hui partager avec vous une analyse plus constructive en m'intéressant à ce qui pourrait sauver les agences de RP traditionnelles.

Tout d'abord, je voudrais tordre le cou à un truc qui est une fausse bonne idée : Il ne sert à rien de créer un département digital, c'est contreproductif et ça ne sert à rien.

Beaucoup de dirigeants d'agences ont eu ce réflexe lorsqu'ils ont été percutés par l'évidence que les réseaux sociaux allaient prendre une importance considérable dans la formation de l'opinion. Ils ont engagé deux ou trois community managers à la va-vite, les ont bombardés responsables d'une toute nouvelle business unit, et hop, ils ont clamé haut et fort que leur agence avait pris le virage digital. Je sais de quoi je parle, j'ai fait la même connerie.

En réalité, c'est idiot (et je l'assume). C'est idiot car le digital et tout ce qu'il représente n'est pas un monde à part. C'est une partie du monde dans lequel nos clients évoluent et c'est un monde perméable aux autres. Cela n'a pas de sens de présenter la formation de l'opinion comme étant l'apanage exclusif des médias traditionnels ou des médias sociaux. Une opinion se nourrit et se forme aux deux et va alternativement puiser des informations et des avis dans les deux univers et avec une avidité ininterrompue. Mieux encore, les deux mondes se lient et se commentent, s'alimentent dans un ballet permanent de recommandations. Dans ce contexte, il est stérile de cloisonner ses actions, il faut infuser le digital dans chaque département de l'agence et comprendre que ce n'est plus une option.

Enfin, en plus d'être idiot, c'est un investissement stérile car les community managers vont tous être progressivement intégrés chez les annonceurs qui vont les regrouper sous une fonction stratégique de la relation client.

Mais revenons à ce que je crois être l'avenir des agences de RP. Dans quelques années, plus personne ne payera des honoraires simplement pour qu'une équipe diffuse massivement des communiqués ou des invitations à un groupe de journalistes ou de blogueurs. Cette activité aura tellement perdu de valeur qu'elle sera négligée par les annonceurs qui n'investiront plus. Or, si cela représente encore le cœur d'activité de certaines agences, ces dernières vont être en très grand danger.

Pour survivre et se développer à nouveau, je fais le pari que les agences vont devoir déployer trois compétences absolument déterminantes :

Le social media intelligence : écouter pour comprendre

C'est le point clé de la stratégie de développement pour les agences. Tous les annonceurs, quels qu'il soient, vont devoir investir massivement et régulièrement pour écouter les conversations et en faire un monitoring précis. A mesure que le volume des conversations va grandir, les organisations vont devoir traiter et extraire des données qui vont leur permettre de comprendre les parties prenantes, de repérer les points d'influence, de mesurer en permanence l'efficacité de leurs actions de communication,... Ils vont devoir écouter pour comprendre la nature de leur réputation et son évolution. Cette écoute va être au cœur de tous les dispositifs de communication et d'influence. L'expertise des agences en la matière conditionnera leur propre développement.

Sur la base de cette écoute, un planning stratégique va pouvoir être mis en place et des décisions opérationnelles vont pouvoir être prises pour un éventuel plan d'action de communication.

Signe de l'importance croissante de ce besoin d'expertise, les acteurs de ce marché sont en plein essor, à l'image des levées du fond qu'ils viennent de réaliser.

La publicité online : appuyer les RP

Dans un monde bruyant où chacun est submergé par une quantité d'information intraitable, la performance marginale d'un message baisse mécaniquement. C'est presque un phénomène physique que chacun peut comprendre aisément : plus les messages sont nombreux et plus il est difficile de s'arrêter à l'un d'entre eux.

C'est pour cette raison que je crois fondamentalement que les campagnes d'influence vont devoir être soutenues par des actions de communication publicitaire, afin de leur donner plus de chances de toucher les bonnes cibles. Dans la plupart des cas, les professionnels des RP misent sur le fait que les influenceurs (journaliste, blogueur, utilisateur phare des réseaux sociaux,...) qui vont relayer un message sont suffisamment puissants pour réussir à sensibiliser les bonnes personnes. Ils vont s'apercevoir et prendre conscience que cela ne suffit plus.

Aussi influents soient-ils, les relais vont être noyés dans un océan d'influences diverses et la "percussion" va se compliquer énormément. Le soutien publicitaire online va représenter un moyen de contourner cet obstacle.

L'événementiel : mettre en scène l'information

Là encore, l'enjeu est de sortir du lot. Les informations véhiculées par les médias traditionnels ainsi que conversations sur les médias sociaux constituent un flux de messages dans lequel la notion de rythme se noie dans la permanence. Les choses ne sont plus nouvelles, elles sont "live" et il devient difficile de marquer naturellement les esprits par le seul ajout d'une information supplémentaire à ce flot.

La création d'événements représente une façon intelligente de casser cette monotonie médiatique massive et c'est une expertise que devront développer les agences de RP si elles veulent continuer d'exister. Parce que les gens n'ont jamais eu autant envie de se rencontrer "IRL" (dans la vraie vie), parce que les événements sont aussi d'incroyables occasions de témoigner sur les réseaux sociaux, parce que l'information a besoin de s'ancrer dans un référentiel temps, et enfin parce que la création d'événements est un inépuisable terrain de jeu pour les créatifs, les professionnels de la communication d'influence vont devoir apprendre à "scénariser" l'information pour la rendre attractive et percutante. Mémorable aussi.

J'ai pour ma part compris la puissance de l'événement lors de la dernière édition de ReputationWar. C'est un élément que la société Spotter m'a démontré lorsqu'elle a mesuré la puissance virale de la conférence en janvier dernier. C'était vraiment spectaculaire !

Voilà ce que je crois être les 3 piliers du développement des agences de RP : écouter, soutenir, scénariser. La bonne nouvelle est que je suis convaincu que le potentiel de marché est colossal. C'est pour ça que je pense que cette industrie peut envisager de belles perspectives si elle évolue dans ces directions.

10 conseils aux étudiants qui voudraient s'orienter vers les Relations Publiques

Note publiée le 23/02/2014

Alors que je viens de finir mes cours dans la session d'automne de l'Inseec où j'anime la matière Lobbying-Relations Publiques pour des élèves en Master 2 Communication Corporate, voici quelques conseils que j'aimerais adresser à toutes celles et tous ceux qui veulent se destiner au métier des RP, afin de les aider à mettre le maximum de chances de leur côté et espérer en faire de grands professionnels.

1. Lisez la presse

Voilà pour moi la toute première qualité que doit avoir un professionnel de la communication et des RP : être informé ! Ne cherchez pas, on ne peut pas faire ce job si l'on n'est pas gourmand d'actualité, si l'on n'absorbe pas tout de son époque comme une éponge, si l'on ne comprend pas le contexte dans lequel on évolue au quotidien. Je le dis sans arrêt à mes étudiants, un bon communicant est un boulimique d'informations. D'ailleurs, je leur propose souvent de faire ce petit test simple : regardez le début du journal de 20h00, écoutez l'énoncé des grands titres. S'il y a ne serait-ce qu'un titre que vous découvrez, c'est que vous n'avez pas bien géré votre journée d'un point de vue informationnel. La culture de l'actualité est le terreau de la communication d'influence. C'est ce qui vous permettra de développer la faculté centrale de l'excellent professionnel : la curiosité.

2. Speak English (at least)

Je suis toujours sidéré de découvrir des élèves qui ne pratiquent pas la langue anglaise et qui s'apprêtent pourtant à entrer dans la vie active. Produits du système éducatif à la française, ils ont grandi avec la certitude que cette langue était une option et sont restés en mode scolaire vis à vis de son apprentissage. Le monde est un terrain de jeu global dont il faut maîtriser absolument le code principal qui est l'anglais. C'est plus qu'une langue, c'est un moyen de communiquer avec n'importe qui sur cette douce planète. Ne pas maîtriser l'anglais est un immense handicap qui vous fermera un nombre incalculable de portes. Parce que les enjeux de réputation ne connaissent pas les frontières, les bons professionnels de la communication doivent également transcender les territoires linguistiques et savoir travailler (au moins) en anglais comme si c'était leur langue principale.

3. Speak Digital

Cela paraît être une évidence mais la pratique du digital doit également être très développée, comme une langue à part entière chez tous les futurs professionnels des RP. Attention, il ne suffit pas ici de revendiquer son appartenance à la célèbre Génération Y et prétendre que, sous prétexte d'avoir 20 ans et quelques, on est super bon en communication d'influence sur le digital. Non, il faut développer une maîtrise sophistiquée qui dépasse l'utilisation personnelle en mode loisir et comprendre comment utiliser ces merveilleuses plateformes à des fins professionnelles. C'est beaucoup plus complexe qu'il n'y paraît et c'est pour cela qu'il faut toutes les essayer pour en comprendre les ressorts.

4. Regardez vers l'est

Je suis fasciné par les pays en voie de développement car je trouve que l'on apprend toujours énormément des économies qui sont en train d'éclore et qui vont beaucoup plus vite que la nôtre. A cet égard et sans prosélytisme aucun, je recommande à mes élèves de tourner leurs regards vers quelques économies du moyen-orient ou du sud-est asiatique. De lire les infos en provenance de ces pays (au choix) et de tenter de comprendre comment les choses se passent et quels sont les grands phénomènes qui caractérisent ces sociétés. Ce qui est exceptionnel est que cette observation s'apparente à regarder un film en accéléré : les sociétés se modèlent et se réforment plus vite, les comportements changent, les appropriations sont plus enthousiastes, bref, l'innovation est partout. Au-delà du fait que certains de ces pays vont dominer le monde dans les prochaines années, c'est très instructif pour un futur professionnel car c'est un sorte de laboratoire.

5. Voyagez

Vous allez dire que je suis obsédé par l'étranger mais j'assume. Le fait de prétendre ce monde global ne doit pas rester une théorie ou une vue de l'esprit, ce doit être une expérience pour chacun d'entre nous. Nous devons expérimenter les cultures qui nous entourent car nous ne pouvons pas comprendre notre propre monde si nous ne le faisons pas. Quand on voyage, on apprend autant sur soi que sur les autres car on se confronte soi-même à une réalité différente. Et c'est cette nouvelle connaissance de soi — en perspective — qui va être un formidable atout pour la candidature d'un jeune professionnel de la communication et des RP.

6. Soyez spécialisé

Voilà un autre truc que je rabâche à mes élèves pour les aider dans leurs recherches de jobs : devenez singulier et mettez vos différences en avant. Quand on débute, cela n'a pas de sens de dire que l'on est généraliste, que l'on peut ou sait tout faire potentiellement. Je crois au contraire et fondamentalement que l'on ne peut acquérir cette expertise de généraliste qu'au fil des années. Quand on débute, il faut accepter cette idée et, du coup, rechercher parmi toutes ses compétences, celle dans laquelle on est le ou la meilleure. Cela provient souvent d'une expérience de vie (une passion, la pratique d'un sport, une affinité culturelle forte, la maîtrise d'une langue inhabituelle,...) mais c'est aussi parfois le résultat d'une excellence dans une matière particulière. Dans tous les cas, ce qui vous rend différent du voisin doit être mis en avant et devenir une aspérité positive et un facteur de mémorisation pour le recruteur.

7. Formez vous aux sciences humaines

Ce conseil est le fruit d'une observation plus récente, observation qui m'a conduit à organiser ReputationWar avec un angle particulier. Je l'ai répété plein de fois, la révolution du digital a fait que notre monde est devenu social faisant des foules des médias à part entière. Nous devons savoir comment interagir avec ces communautés, car c'est à leur niveau que se font ou se défont les réputations. Aussi, les futurs professionnels des RP et de l'influence devront-ils être éveillés aux sciences humaines telles que la sociologie, la psychologie et l'anthropologie. Et parce que cela recouvre des connaissances non proposées dans les écoles de communication, les étudiants devront se forger cette culture par eux-mêmes au fil de leurs lectures notamment.

8. Etudiez les crises

Il y a un mécanisme tout à fait intéressant qui découle de la révolution du web social. Les réseaux sociaux ont créé des points de contact directs entre les organisations et leurs parties prenantes. Cela a multiplié les zones de friction et mécaniquement augmenté le niveau des vulnérabilités. Pour faire simple, on peut affirmer que parce qu'elles sont plus exposées, les organisations seront davantage soumises aux crises de réputation et que c'est un sujet qui sera central dans les prochaines années. Je parie depuis longtemps que plus de la moitié des missions des professionnels des RP sera légitimée par la peur ou la réalité d'une crise et c'est pour ça que je recommande aux étudiants de s'intéresser à cette matière et d'en faire une culture personnelle.

9. Faites du bénévolat

Il ne s'agit pas uniquement de sauver le monde, il faut aussi se former aux nouvelles formes de mobilisation collective. Les réseaux sociaux ont conféré de nouveaux pouvoirs aux citoyens mais aussi aux associations, aux ONG, et il est très intéressant de voir comment tout cela fonctionne. Se former aux racines de l'activisme est un excellent moyen de comprendre les ressorts de la société dans sa globalité et sa complexité et je recommande toujours aux étudiants d'aller donner un peu de leur temps pour aider l'association de leur choix à toucher son public et faire entendre sa voix. C'est non seulement utile mais incroyablement formateur à l'heure où nous vivons.

10. Réseautez

Last but not least, il faut être actif sur les réseaux sociaux et le devenir de manière professionnelle. Finie la page Facebook qui exhibe vos beuveries et autres délires intimes. Telle une chenille qui doit devenir papillon, adaptez votre présence sur ces plateformes pour en faire une arme dans la conquête du job de vos rêves. Faites le dans le choix des mots que vous employez, dans le choix des "amis" que vous avez, dans le choix des *Retweet*,... constituez autour de vous un corpus linguistique et relationnel qui va ressembler au monde dans lequel vous voulez rentrer. Soyez déjà et dès maintenant ce que vous aspirez à devenir et rendez-le visible.

Voilà, j'espère que ces quelques petits conseils vous aideront à booster votre début de carrière car ce sont vraiment des éléments clés pour moi et auquel le recruteur que je suis potentiellement sera hyper sensible.